管理学专著系列

教育部科技发展中心高校产学研创新基金项目（项目号：2018
安徽省职业与成人教育学会课题（项目号：Azcj048）
职业教育提质培优行动计划（2020—2023年）建设项目

管理会计视角构建企业绩效评价体系的实证研究

GUANLI KUAIJI SHIJIAO
GOUJIAN QIYE JIXIAO PINGJIA TIXI DE
SHIZHENG YANJIU

舒文存 编著

企业管理出版社
ENTERPRISE MANAGEMENT PUBLISHING HOUSE

图书在版编目（CIP）数据

管理会计视角：构建企业绩效评价体系的实证研究／舒文存编著 . —北京：企业管理出版社，2022.4

ISBN 978-7-5164-2549-7

Ⅰ.①管… Ⅱ.①舒… Ⅲ.①企业绩效—经济评价—研究—中国 Ⅳ.① F279.23

中国版本图书馆 CIP 数据核字 (2021) 第 264795 号

书　　名：	管理会计视角：构建企业绩效评价体系的实证研究
书　　号：	ISBN 978-7-5164-2549-7
作　　者：	舒文存
策　　划：	寇俊玲
责任编辑：	刘玉双
出版发行：	企业管理出版社
经　　销：	新华书店
地　　址：	北京市海淀区紫竹院南路 17 号　　**邮编：** 100048
网　　址：	http://www.emph.cn　　**电子信箱：** 1142937578@qq.com
电　　话：	编辑部（010）68701661　　发行部（010）68701816
印　　刷：	北京虎彩文化传播有限公司
版　　次：	2022 年 4 月第 1 版
印　　次：	2022 年 4 月第 1 次印刷
开　　本：	700mm × 1000mm　　1/16
印　　张：	10 印张
字　　数：	110 千字
定　　价：	68.00 元

版权所有　翻印必究 · 印装有误　负责调换

前　言

企业绩效评价体系（Performance – Appraising System of Enterprise）是由一系列与绩效评价相关的评价制度、评价指标体系、评价方法、评价标准以及评价机构等构成的有机整体。

企业绩效管理是我国管理会计体系建设中的一项重要内容。企业管理转型升级对于企业的发展具有非常重要的意义，一家企业如果能把大数据、绩效管理与管理会计有效结合，并具有较高的绩效管理水平，就会激发员工的工作积极性，员工工作效率也会得到显著提高，这对于企业长期稳定的发展至关重要。在大数据环境下，企业必须深入研究企业绩效管理转型的发展趋势，积极探索其实现路径，结合自身的实际情况，采取有效的措施来提高绩效管理水平。

企业绩效评价体系与各种行为控制系统、人事控制系统共同构成企业管理控制体系。企业管理控制体系是企业战略目标实现的重要保障。由于各企业战略目标的不同，有效的绩效评价体系在各企业中表现也各不相同。

开展绩效考核工作，实行有效的考核评价和目标管理，必须要有科学合理，能满足公司生产经营管理和实际发展需要的绩效考核工作机制和考核评价标准。因为绩效考核评价标准是绩效考核的核心部分之一，所以企业要结合经营管理和员工队伍建设实际，建立和完善一套科学、合理的员工绩效考核评价标准，真正发挥绩效考核工作正确的导向、激励作用。在制订绩效考核评价体系的实践中，企业要与时俱进，针对不同岗位制订不同的考评指标和实绩评价标准。

本书从管理会计概念框架体系谈起，介绍管理会计内容体系和应用指引，绩效管理的三种方法——关键绩效指标法、经济增加值法、平衡计分卡，绩效评价与激励管理报告以及企业绩效考核评价体系等内容。

本书由安徽工商职业学院舒文存教授编著。在编写过程中，作者查阅并参考了大量相关资料，在此对原作者表示感谢。

本书出版得到了安徽省高等教育振兴计划人才项目"高职高专院校专业带头人培养"资助。同时，本书也是舒文存主持的教育部科技发展中心高校产学研创新基金项目（项目号：2018A03027）、安徽省职业与成人教育学会课题（项目号：Azcj048）和职业教育提质培优行动计划（2020—2023 年）建设项目（"万人计划"教学名师）的阶段性成果。

舒文存
2022 年 2 月

目录

第一章
管理会计概述

第一节　管理会计概念框架体系 / 3
　　一、管理会计的定义 / 3
　　二、管理会计的作用和意义 / 4
　　三、管理会计的基本理论 / 6
　　四、管理会计职业道德体系 / 10

第二节　管理会计内容体系 / 12
　　一、管理会计基本指引与应用指引 / 12
　　二、管理会计的基本认知 / 16
　　三、管理会计的工作程序 / 21

第二章
绩效管理概述

第一节　绩效管理的概念与原则 / 25
　　一、绩效管理的概念 / 25
　　二、绩效管理的原则 / 25

三、绩效管理应用环境 …………………………………………… / 26
第二节　绩效计划与激励计划 ………………………………………… / 27
　　　　一、绩效计划与激励计划的制订 ………………………………… / 27
　　　　二、绩效计划与激励计划的执行 ………………………………… / 29
　　　　三、绩效评价与激励的实施 ……………………………………… / 30
第三节　案例研究：华为的绩效考核体系及绩效管理步骤 ………… / 31
　　　　一、建立系统的考核导向体系 …………………………………… / 32
　　　　二、公司的绩效管理中的关键步骤 ……………………………… / 33

第三章

绩效管理——关键绩效指标法

第一节　关键绩效指标法的认知与运用 ……………………………… / 37
　　　　一、关键绩效指标法的认知 ……………………………………… / 37
　　　　二、关键绩效指标法的应用环境 ………………………………… / 41
　　　　三、关键绩效指标法的应用程序 ………………………………… / 42
　　　　四、关键绩效指标法的优缺点 …………………………………… / 49
第二节　案例研究：关键绩效指标法的工具方法评价 ……………… / 49
　　　　一、公司战略目标的确定 ………………………………………… / 50
　　　　二、公司战略目标的分解 ………………………………………… / 51

第四章

绩效管理——经济增加值法

第一节　经济增加值法的认知与运用 ………………………………… / 55
　　　　一、经济增加值法的认知 ………………………………………… / 55
　　　　二、经济增加值法的应用环境 …………………………………… / 56
　　　　三、经济增加值法的应用程序 …………………………………… / 57

	四、经济增加值的计算	……………………………………	/ 58
	五、经济增加值法的优缺点	…………………………………	/ 62
第二节	**经济增加值的价值管理观**	………………………………………	/ 63
	一、经济增加值对价值管理观的影响	……………………………	/ 63
	二、业绩考核中增加经济增加值指标的作用	……………………	/ 64
	三、推进经济增加值考核工作的要点	……………………………	/ 65

第五章

绩效管理——平衡计分卡

第一节	**平衡计分卡的认知与运用**	………………………………………	/ 69
	一、平衡计分卡的认知	…………………………………………	/ 69
	二、平衡计分卡的应用环境	……………………………………	/ 73
	三、平衡计分卡应用的影响因素	………………………………	/ 74
	四、引入平衡计分卡的基本程序	………………………………	/ 76
	五、基于平衡计分卡的战略管理步骤	…………………………	/ 78
	六、平衡计分卡的优缺点	………………………………………	/ 85
第二节	**平衡计分卡的实施**	……………………………………………	/ 86
	一、平衡计分卡实施的原则	……………………………………	/ 86
	二、平衡计分卡的发展——战略地图	…………………………	/ 87
第三节	**相关工具方法及指标计算说明**	…………………………………	/ 92

第六章

绩效评价与激励管理报告

第一节	**绩效评价与激励管理报告的认知**	………………………………	/ 103
	一、对绩效评价的认知	…………………………………………	/ 103
	二、绩效评价与激励管理报告的内容	…………………………	/ 103

　　　　三、绩效评价与激励管理报告的运用 …………………… / 106
　第二节　业绩评价指标 ………………………………………… / 112
　　　　一、业绩评价概述 ……………………………………… / 112
　　　　二、具体指标 …………………………………………… / 113

第七章
企业绩效考核评价体系的构建

　第一节　我国企业绩效评价的发展历程 …………………… / 129
　第二节　理论界的研究成果 ………………………………… / 134
　第三节　评价体系的构建 …………………………………… / 136
　第四节　我国的企业绩效评价体系 ………………………… / 138
　　　　一、绩效评价体系基本要素 …………………………… / 139
　　　　二、传统企业绩效评价方法的缺陷 …………………… / 141
　第五节　绩效预算管理 ……………………………………… / 143
　　　　一、绩效预算管理的内涵 ……………………………… / 143
　　　　二、基于绩效预算管理的企业动态绩效评价指标体系设计
　　　　　　……………………………………………………… / 143
　　　　三、典型案例分析 ……………………………………… / 145

参考文献 …………………………………………………………… / 151

第一章
管理会计概述

第一节　管理会计概念框架体系

一、管理会计的定义

管理会计（Management Accounting）是从传统的会计系统中分离出来，与财务会计并列，着重为企业进行最优决策、改善经营管理、提高经济效益服务的一个会计分支。为此，管理会计需要针对企业管理部门编制计划、做出决策、控制经济活动的需要，记录和分析经济业务，捕捉和呈报管理信息，并直接参与决策控制过程。管理会计在企业的财务管理活动中正在发挥越来越重要的作用。在管理会计的核心理念中，价值的创造与维护是最为重要的两点。基于此，管理会计是企业的战略、业务、财务一体化最有效的工具。

管理会计的基本概念框架结构不受企业会计准则的完全限制，可应用现代管理理论为指导。

管理会计目标的内涵是，在向资源提供者反映资源受托管理情况的基础上，实现资源的优化配置，进而提高企业的生产效率、生产经济效果和经济效益。

管理会计人员一部分是由传统财务人员转型而来，另一部分是由企业其他业务部门的管理者转变而来。管理会计是所有管理者必备的管理常识。

二、管理会计的作用和意义

1. 管理会计处于企业价值管理的核心地位

从管理会计与财务会计的对比中可以看出，管理会计在企业中占有非常重要的地位。管理会计是社会生产力发展、管理水平提高的结果，也是一门有助于提高经济效益的科学。在西方的企业中，会计机构隶属于支持生产部门工作并为其服务的部门，管理会计、财务会计两个基本部门并行，共同接受总会计师的领导。

2. 为企业提供管理信息

企业在经营发展中，需要在计划目标基础上，不断地调整现有的发展模式，为了更好地适应市场的发展，需要及时地了解市场的发展动态以及企业的内部经营管理状况，所以就需要大量的经济信息作为参考。财务会计只是提供一些财务状况方面的信息，而管理会计会根据企业的发展形势提供各个方面的信息，有利于企业的经营管理者做出更加准确的判断。

3. 直接参与决策

经营决策关系企业的生存与发展，所以企业在决策的过程中需要非常慎重，要对企业的经营现状有清晰的了解，知晓企业在发展中应该规避的风险，对于企业的发展趋势有科学的预测。在此过程中，管理会计直接参与其中，帮助企业进行分析管理，参与到企业的经营发展过程中。

4. 实行业绩考核

传统的管理会计主要是对公司管理过程中的经营决策、投资决策、全面预算、成本控制、责任控制等内容施以影响，未涉及公司治理问题。与公司治理相适应，传统的管理会计被赋予了新的内容。本书作者认为，管理会计的最终目标是提高企业的竞争能力和盈利能力。与公司治理相适应，管理会计的目标是，为实现公司治理和公司管理的多重目的提供非强制性的相关信息。

在对企业生产经营过程和结果进行控制、考评的问题上，管理会计既可以建立完备的控制系统，又可以确定严格的考核措施，从而随时掌控实现现代企业经营目标的进程，正确考评企业内部有关部门的工作业绩，并为修订决策、调整计划提供客观依据。

2022年2月，国务院国资委印发了《关于中央企业加快建设世界一流财务管理体系的指导意见》（以下简称《指导意见》）。主体内容是"1455"框架，即围绕一个目标、推动四个变革、强化五项职能、完善五大体系。围绕一个目标，即加快构建世界一流财务管理体系。中央企业世界一流财务管理体系的内涵，可以用"三个更"和"12字标准"来概括，即更好地统筹发展和安全，更加注重质量和效率，更加突出"支撑战略、支持决策、服务业务、创造价值、防控风险"功能作用，以"规范、精益、集约、稳健、高效、智慧"为标准。《指导意见》提出5年左右中央企业整体财务管理水平明显跃上新台阶，10～15年绝大多数中央企业建成与世界一流企业相适应的世界一流财务管理体系的目标。推动四个变革，即推动财务管理理念变革、组织变革、机制变革、功能手段变革，系统阐述新时期中央企业财务管理工作的底层逻辑，这是推进财务管理转型升级的"思想开关"和理论基础。强化五项职能，以财务管理主要对象"票、账、表、钱、税"为维度，强化核算报告、资金管理、成本管控、税务管理、资本运作五项职能，这是推进财务管理转型升级的抓手和切口。完善五大体系，即全面预算、合规风控、财务数字化、财务管理能力评价、财务人才队伍建设体系，这是支撑财务管理职能落地、实现财务管理体系有效运行的根本保障，也是推进财务管理转型升级的主线和重点。

三、管理会计的基本理论

1. 管理会计的对象

从实质上讲，管理会计对象是单位的经营活动。

从管理体现价值角度看，管理会计对象是价值运动。

综上所述，管理会计对象具有复合性，一方面强调作业管理，目的在于提高生产效率；另一方面强调价值管理，目的在于提高经济效益，实现价值最大增值。

因此，作业管理和价值管理共同构成管理会计的对象。

2. 管理会计的目标

管理会计的最终目标是：提高企业经济效益，实现价值增值。

管理会计具体目标如下。

①在掌握会计核算能力的基础上，提升扩展能力，掌握管理会计学的基本理论、方法和技术，具备利用经济信息进行预测、决策，对经营业务进行控制、分析、评价的能力。

②运用一系列专门的方式方法，汇总、分析和报告各种经济信息，从而进行预测和决策，制订计划，对经营业务进行控制，并对业绩进行评价，以保证企业改善经营管理，提高经济效益。

③长期、持续地提高整体经济效益是战略管理会计的基本目标。战略管理会计目标是在战略管理会计网络体系中起主导作用的目标，它是引导战略管理会计行为的航标，是战略管理会计系统运行的动力和行为标准。

④提供内外部综合信息是战略管理会计的具体目标。通过统计的、会计的方法，搜集、整理、分析涉及企业经营的内外部环境数据、资料，提供尽可能多的有效的内外部信息，帮助企业做好战略决策工作。

3. 管理会计的职能

（1）规划

规划是对未来经济活动的计划，以预测、决策为基础，以数字、文字等形式落实管理目标，以协调各部门的工作、控制各部门的活动，考核各部门的业绩。预测（销售预测）与决策是筹划未来的主要形式，现代管理会计在这方面的作用在于：充分利用所掌握的丰富资料，严密地进行定量分析，帮助管理部门掌握真实的情况，从而提高预测与决策的科学性。

(2) 决策

决策是在充分考虑各种可能的前提下，通过一定程序对未来方向、目标和方法做出决定的过程。决策既是管理的核心，也是各级管理人员的主要工作。行政事业单位的各项重大决策都有会计部门参加，也就是说，管理会计参与决策。

(3) 控制

控制是对企业经济活动按照规划要求进行的监督和调整。一方面，企业监督规划的执行情况，确保经济活动按照规划要求进行；另一方面，企业对计划本身的质量进行反馈。管理会计（预算管控）在控制方面的作用是通过一系列的指标及时修正在执行过程中出现的偏差，使企业的经济活动严格按照决策预定的轨道卓有成效地进行。

(4) 评价

评价是指考核评价经营业绩，在各部门明确各自职责的前提下，逐级考核责任指标的达成情况，为奖惩制度的实施和未来工作改进提供必要的依据。管理会计评价过去主要是对财务会计所提供的资料做进一步的加工，使之更好地适应筹划未来和控制现在的需要。

现代管理会计将评价过去、控制现在、规划未来这三方面的职能紧密结合在一起，形成一种综合性的职能。

4. 管理会计的信息质量特征

管理会计信息具有准确性、相关性、一贯性、客观性、及时性和成本效益性等特征。

管理会计信息包括管理会计应用过程中所使用和生成的财务信息和

非财务信息。

①单位应有效利用现代信息技术，对管理会计基础信息进行加工、整理、分析和传递，以满足管理会计应用需要。

②单位应充分利用内外部各种渠道，通过采集、转换等多种方式，获得相关、可靠的管理会计基础信息。

③单位生成的管理会计信息应相关、可靠、及时、可理解。

5. 管理会计的基本假设

管理会计基本假设是指在一定的社会经济环境下，决定管理会计发展和运行的基本前提，它是根据客观的正常情况或趋势所做的合乎事理的判断，是对管理会计实践中不确定因素的假定，是构成管理会计思想基础的科学设想。研究管理会计基本假设，不仅有助于指导管理会计实践，还有助于确立更为合理的管理会计原则，规范管理会计行为。

管理会计的基本假设如下。

（1）会计主体相关性假设

管理会计的主体必须服务于管理会计的目标，服从于企业的生存发展，为实现企业利润最大化而进行预决策、规划控制以及评价。因此管理会计的主体是每个进行预决策、规划控制以及评价的责任中心，它可以是管理会计人员所在的一家企业，也可以是其分支机构或子公司，甚至可以是其竞争对手。总之，管理会计的主体是利益相关实体的联合。

（2）持续经营假设

持续经营假设是认为每一个会计主体都能无限期地连续经营下去。在市场经济条件下，持续经营为会计的核算做出时间的规定。在持续经营的假设下，企业在会计信息的收集和处理上所使用的会计处理方法才能保持稳定，企业的会计记录和会计报告才能真实可靠。如果没有持续经营的假设，一些公认的会计处理方法将缺乏存在的基础。

（3）会计分期弹性假设

会计分期弹性假设是把企业持续不断的生产经营活动和筹资、投资活动划分为一定的期间，以便及时提供有用的管理信息。管理会计的分期具有灵活性，企业根据内部经营管理的实际需要，灵活进行分期，可以短到一天、一周或一季，也可以长到十年、二十年，而不必局限于财务会计的按自然月、自然季、自然年来分期。

（4）多种计量单位假设

管理会计的计量方法既有货币计量，又有非货币计量。其中货币计量是会计中常用的计量方法，非货币计量以实物量、时间量、相对数等为单位。为满足各个方面的管理需要，管理会计在进行规划、控制、决策与业绩评价时，可使用多种计量单位。

（5）行为理性化假设

行为理性化假设有两个含义：第一，假设管理会计人员以企业利益最大化为总目标，按照科学的程序对主体进行预测、决策分析；第二，假设管理会计的具体目标是清晰的、合理的、可操作的。如果管理会计人员和确立的目标都不是理性化的，管理会计的数据分析就没有意义了。

四、管理会计职业道德体系

管理会计职业道德是指在管理会计职业活动中应当遵循的、体现管理会计职业特征的、调整管理会计职业关系的执业行为准则和规范。

（1）爱岗敬业

会计人员应当热爱本职工作，努力钻研业务，使自己的知识和技能适应所从事工作的要求。爱岗敬业是做好一切工作的出发点。

（2）熟悉法规

会计工作不只是单纯的记账、算账、报账工作，会计工作时时、事事、处处涉及执法守规方面的问题。会计人员应当熟悉会计法律法规和国家统一会计制度，做到处理各项经济业务时知法依法、知章循章，依法把关守口，同时还要进行法规的宣传。

（3）依法办事

一方面，会计人员应当按照会计法律法规和国家统一会计制度规定的程序和要求进行会计工作，保证所提供的会计信息合法、真实、准确、及时、完整；另一方面，会计人员必须树立自己的职业形象和人格尊严，敢于抵制一切违法乱纪的行为。

（4）客观公正

会计信息的正确与否，不仅关系到微观决策，还关系到宏观决策。会计人员不仅要有过硬的技术本领，也需要实事求是的精神和客观公正的态度，否则，就会把知识和技能用错了地方，甚至参与弄虚作假或者通同作弊。

（5）搞好服务

会计工作是经济管理工作的一部分，把这部分工作做好对所在单位的经营管理至关重要。会计工作的这一特点，决定了会计人员应当熟悉本单位的生产经营和业务管理情况,因此,会计人员应当积极运用所掌握的会计信息和会计方法,为单位改善内部管理、提高经济效益服务。

(6) 保守秘密

会计工作性质决定了会计人员有机会了解本单位的财务状况和生产经营情况,有可能了解或者掌握重要商业机密。一旦这些机密被泄露给竞争对手,会给本单位的经济利益造成重大的损害。泄露本单位的商业秘密也是一种违法行为。因此,作为会计人员,应当确立泄密失德的观念,对于自己知悉的内部机密,不管在何时何地,都要严格保守。

第二节 管理会计内容体系

一、管理会计基本指引与应用指引

1. 制订管理会计基本指引的目的与依据

为促进单位(包括企业和行政事业单位)加强管理会计工作,提升内部管理水平,实现经济转型升级,财政部根据《中华人民共和国会计法》《关于全面推进管理会计体系建设的指导意见》(财会〔2014〕27 号)等,制订管理会计基本指引。

2. 管理会计基本指引的地位

管理会计基本指引在管理会计指引体系中起统领作用,是制订应用指引和建设案例库的基础。管理会计指引体系包括基本指引、应用指引和案例库，用以指导单位管理会计实践。

3. 管理会计应用指引的内容

目前财政部发布了管理会计基本指引与22项应用指引。应用指引内容涉及战略管理、预算管理、成本管理、营运管理、投融资管理、绩效管理、风险管理、管理会计报告与信息化等。

为贯彻落实财政部《关于全面推进管理会计体系建设的指导意见》（财会〔2014〕27号），推进管理会计指引体系建设，提升单位管理会计工作水平，在充分利用财政部管理会计课题研究成果、广泛调研的基础上，总结提炼了目前在企业普遍应用且较为成熟的部分管理会计工具，以指导单位管理会计实践。

（1）2017年9月29日，财政部印发了《关于印发〈管理会计应用指引第100号——战略管理〉等22项管理会计应用指引的通知》（财会〔2017〕24号），具体涉及以下管理会计应用指引。

①管理会计应用指引第100号——战略管理；管理会计应用指引第101号——战略地图。

②管理会计应用指引第200号——预算管理；管理会计应用指引第201号——滚动预算。

③管理会计应用指引第300号——成本管理；管理会计应用指引第301号——目标成本法；管理会计应用指引第302号——标准成本法；管理会计应用指引第303号——变动成本法；管理会计应用指引第304号——作业成本法。

④管理会计应用指引第 400 号——营运管理；管理会计应用指引第 401 号——本量利分析；管理会计应用指引第 402 号——敏感性分析；管理会计应用指引第 403 号——边际分析。

⑤管理会计应用指引第 500 号——投融资管理；管理会计应用指引第 501 号——贴现现金流法；管理会计应用指引第 502 号——项目管理。

⑥管理会计应用指引第 600 号——绩效管理；管理会计应用指引第 601 号——关键绩效指标法；管理会计应用指引第 602 号——经济增加值法；管理会计应用指引第 603 号——平衡计分卡。

⑦管理会计应用指引第 801 号——企业管理会计报告；管理会计应用指引第 802 号——管理会计信息系统。

(2) 2018 年 2 月 7 日，财政部起草了《关于征求〈管理会计应用指引第 202 号——零基预算〉等 7 项管理会计应用指引（征求意见稿）意见的函》（财办会〔2018〕4 号）。

(3) 2018 年 6 月 5 日，财政部起草了《关于印发〈管理会计应用指引第 204 号——作业预算〉等 5 项管理会计应用指引征求意见稿的通知》（财办会〔2018〕17 号）。

(4) 2018 年 8 月 17 日，财政部印发了《关于印发〈管理会计应用指引第 202 号——零基预算〉等 7 项管理会计应用指引的通知》（财会〔2018〕22 号），具体涉及以下管理会计应用指引。

①管理会计应用指引第 202 号——零基预算；管理会计应用指引第 203 号——弹性预算。

②管理会计应用指引第 503 号——情景分析；管理会计应用指引第

504号——约束资源优化。

③管理会计应用指引第604号——绩效棱柱模型。

④管理会计应用指引第700号——风险管理；管理会计应用指引第701号——风险矩阵。

（5）2018年12月27日，财政部印发了《关于印发〈管理会计应用指引第204号——作业预算〉等5项管理会计应用指引的通知》（财会〔2018〕38号），具体涉及以下管理会计应用指引。

①管理会计应用指引第204号——作业预算。

②管理会计应用指引第404号——内部转移定价；管理会计应用指引第405号——多维度盈利能力分析。

③管理会计应用指引第702号——风险清单。

④管理会计应用指引第803号——行政事业单位。

4. 管理会计应用指引的特点

应用指引作为管理会计指引体系的一个重要组成部分，具有如下特点。

（1）注重指导性

管理会计属于内部报告会计，主要为企业内部管理决策提供信息支持，而企业内部管理既具共性，又有个性，应用指引采用指导性文件形式印发，既有利于普遍推广，又有利于灵活应用，从而发挥制度效应。

（2）注重应用性

管理会计工具方法只有与企业管理实践相结合，才能创造价值。企业所属管理领域不同，适用的管理会计工具方法亦不尽相同。为此，应用指引本着"管理会计在管理中的应用"这一设计理念，注重在管理中的应用性，围绕战略管理、预算管理、成本管理、营运管理、投融资管理、绩效管理、风险管理共七大管理领域，系统阐述管理会计工具方法在相关管理领域中的应用。

（3）注重开放性

首先，管理会计的应用领域具有开放性，不仅限于上述七大领域，随着管理会计实践的发展，其应用领域也将不断拓展；其次，每一领域下的管理会计工具方法不是一成不变的，而是将随实践发展不断获得丰富完善；最后，每项管理会计工具方法的应用领域也具有一定的开放性，即某一领域中的某项工具方法也可应用于其他领域。

（4）注重操作性

为了提高管理会计应用指引的可操作性，每一管理领域的应用指引按照概括性指引和工具方法指引相结合的思路构建。其中，概括性指引一般由总则、应用程序和附则等组成，概要阐述本领域常用工具方法种类，以及这些工具方法应用的共性要求。工具方法指引一般由总则、应用环境、应用程序、应用评价和附则等组成，内容围绕管理会计应用展开，从而增强可操作性。

二、管理会计的基本认知

1. 管理会计的内容

管理会计的内容是指与其职能相适应的工作内容，包括预测分析、决策分析、全面预算、成本控制和责任会计等方面。其中，前两项内容合称为预测决策会计，全面预算和成本控制合称为规划控制会计。预测决策会计、规划控制会计和责任会计，三者既相互独立，又相辅相成，共同构成了现代管理会计的基本内容。

（1）规划与决策会计

规划与决策会计是以企业经营目标为依据，在预测分析的基础上，运用一系列现代管理技术和方法，分析评价各种决策的经济效果，为各级管理人员提供所需信息的会计方法，主要包括预测分析、短期经营决策、长期投资决策和全面预算。

（2）控制与业绩评价会计

控制与业绩评价会计是以全面预算为依据，通过标准成本制度，实施有效的成本控制，通过划分责任建立责任会计，对企业内部各单位实施控制考核和评价，以保证企业的各项经营活动朝着既定的目标推进，主要包括标准成本系统和责任会计。

2. 管理会计的对象

管理会计的对象是以使用价值为基础的价值管理。

从实质上讲，管理会计的对象是企业的生产经营活动。

从管理体现经济效益角度看，管理会计的对象是企业生产经营活动中的价值运动。

从实践角度看，管理会计的对象是作业管理和价值管理的复合。

3. 管理会计的应用主体

管理会计应用主体视管理决策主体确定，可以是单位整体，也可以是单位内部的责任中心。

4. 管理会计的应用环境

单位应用管理会计,应充分了解和分析其应用环境。管理会计应用环境,是单位应用管理会计的基础,包括内部环境和外部环境。内部环境主要包括与管理会计建设和实施相关的价值创造模式、组织架构、管理模式、资源保障、信息系统等因素。外部环境主要包括国内外经济、市场、法律、行业等因素。

企业要把握价值创造模式,推动业务财务相融合,健全管理会计组织体系,确定责任主体,做好资源保障工作,实现管理会计信息化。

会计人员不仅要懂财务,熟悉财务各个模块的工作内容,还要了解业务,熟悉业务运作模式,并对业务财务流程进行梳理和优化,提供及时、全面的财务支持,并输出高质量的财务分析和解决方案,更好地为管理层提供经营决策支持。具备业财融合思维,已经成为新时代财务人员实现职场晋升必需的能力。

①单位应准确分析和把握价值创造模式,推动财务与业务等的有机融合。

②单位应根据组织架构特点,建立健全能够满足管理会计活动所需的由财务、业务等相关人员组成的管理会计组织体系。有条件的单位可以设置管理会计机构,组织开展管理会计工作。

③单位应根据管理模式确定责任主体,明确各层级以及各层级内的部门、岗位的管理会计责任权限,制订管理会计实施方案,以落实管理会计责任。

④单位应从人力、财力、物力等方面做好资源保障工作，加强资源整合，提高资源利用效率效果，确保管理会计工作顺利开展。单位应注重管理会计理念、知识培训，加强管理会计人才培养。

⑤单位应将管理会计信息化纳入信息系统规划，通过信息系统整合、改造或新建等途径，及时、高效地提供和管理相关信息，推进管理会计实施。

5. 管理会计活动

管理会计活动是单位利用管理会计信息，运用管理会计工具方法，在规划、决策、控制、评价等方面服务于单位管理需要的相关活动。

①单位应用管理会计，应融合财务和业务等活动，及时、充分提供和利用相关信息，支持单位各层级根据战略规划做出决策。

②单位应用管理会计，应做好相关信息支持，为单位合理制订战略规划提供支撑。

③单位应用管理会计，应设定定量定性标准，强化分析、沟通、协调、反馈等控制机制，支持和引导单位持续、高质、高效地实施单位战略规划。

④单位应用管理会计，应合理设计评价体系，基于管理会计信息等，评价单位战略规划实施情况，并以此为基础进行考核，完善激励机制；同时，对管理会计活动进行评估和完善，以持续改进管理会计应用。

6. 管理会计工具方法

管理会计工具方法是实现管理会计目标的具体手段。管理会计工具方法是单位应用管理会计时所采用的战略地图、滚动预算管理、作业成本管理、本量利分析、平衡计分卡等模型、技术、流程的统称。管理会计工具方法具有开放性，随着实践发展不断丰富完善。

管理会计工具方法主要应用于以下领域：战略管理、预算管理、成本管理、营运管理、投融资管理、绩效管理、风险管理等。

①战略管理领域应用的管理会计工具方法包括但不限于战略地图、价值链管理等。

②预算管理领域应用的管理会计工具方法包括但不限于全面预算管理、滚动预算管理、作业预算管理、零基预算管理、弹性预算管理等。

③成本管理领域应用的管理会计工具方法包括但不限于目标成本管理、标准成本管理、变动成本管理、作业成本管理、生命周期成本管理等。

④营运管理领域应用的管理会计工具方法包括但不限于本量利分析、敏感性分析、边际分析、标杆管理等。

⑤投融资管理领域应用的管理会计工具方法包括但不限于贴现现金流法、项目管理、资本成本分析等。

⑥绩效管理领域应用的管理会计工具方法包括但不限于关键指标法、经济增加值法、平衡计分卡等。

⑦风险管理领域应用的管理会计工具方法包括但不限于单位风险管理框架、风险矩阵模型等。

企业应用管理会计，应结合自身实际情况，根据管理特点和实践需要选择适用的管理会计工具方法，并加强管理会计工具方法的系统化、集成化应用。

7. 管理会计信息与报告

管理会计信息包括管理会计应用过程中所使用和生成的财务信息和非财务信息。

管理会计报告是管理会计活动成果的重要表现形式，旨在为报告使用者提供满足管理需要的信息。

管理会计报告按期间可以分为定期报告和不定期报告，按内容可以分为综合性报告和专项报告等。

单位可以根据管理需要和管理会计活动性质设定报告期间，一般应以公历期间作为报告期间，也可以根据特定需要设定报告期间。

三、管理会计的工作程序

1. 确认

确认是指将企业的经济活动及其他经济事项作为适当的管理会计业务予以辨认。

2. 计量

计量是指以货币或者其他度量单位对已发生或可能发生的经营活动予以数量上的确定。

3. 记录

记录是指对企业的经营活动及其他经济事项，按严格、一贯的方法进行记录和分类。

4. 分析

分析是指对经济事项发生的内外部环境及各影响因素之间的内在联系进行评价和确认。

5. 反映

反映是指以适当的形式反映各信息需求者需要的信息。

6. 传递

传递是指将相关信息提供给各级管理者或其他信息使用者。

第二章
绩效管理概述

第一节　绩效管理的概念与原则

一、绩效管理的概念

绩效管理是指企业使内部单位（部门）、员工就绩效目标及如何实现绩效目标达成共识，并帮助和激励员工取得优异绩效，从而实现企业目标的管理过程。绩效管理的核心是业绩评价和激励管理。

业绩评价是指企业运用系统的工具方法，对一定时期内企业营运效率与效果进行综合评判的管理活动。业绩评价是企业实施激励管理的重要依据。

激励管理是指企业运用系统的工具方法，调动员工的积极性、主动性和创造性，激发员工工作动力的管理活动。激励管理是促进企业业绩提升的重要手段。

二、绩效管理的原则

企业进行绩效管理，一般应遵循以下原则。

1. 战略导向原则

绩效管理应为企业实现战略目标服务，支持价值创造能力提升。

2. 客观公正原则

绩效管理应实事求是，评价过程应客观公正，激励实施应公平合理。

3. 规范统一原则

绩效管理的制度应统一明确，并严格执行规定的流程。

4. 科学有效原则

绩效管理应做到目标符合实际，方法科学有效，激励与约束并重，操作简便易行。

绩效管理领域应用的管理会计工具方法，一般包括关键绩效指标法、经济增加值法、平衡计分卡、股权激励等。企业可根据自身战略目标、业务特点和管理需要，结合不同工具方法的特征及适用范围，单独使用一种适合的绩效管理工具方法，也可综合运用两种或两种以上的工具方法。

三、绩效管理应用环境

企业进行绩效管理时，应设立薪酬与考核委员会或类似机构，主要负责审核绩效管理制度、绩效计划与激励计划、绩效评价结果与激励实施方案、绩效评价与激励管理报告等，协调解决绩效管理工作中的重大问题。

薪酬与考核委员会或类似机构下设绩效管理工作机构，主要负责制订绩效管理制度、绩效计划与激励计划，组织绩效计划与激励计划的执行与实施，编制绩效评价与激励管理报告等，协调解决绩效管理工作中的日常问题。

企业应建立健全绩效管理的制度体系，明确绩效管理的工作目标、职责分工、工作程序、工具方法、信息报告等内容。

企业应建立有助于绩效管理实施的信息系统，为绩效管理工作提供信息支持。

第二节　绩效计划与激励计划

一、绩效计划与激励计划的制订

企业应用绩效管理工具方法，一般按照制订绩效计划与激励计划、执行绩效计划与激励计划、实施绩效评价与激励、编制绩效评价与激励管理报告等程序进行。

企业应根据战略目标，结合业务计划与预算，综合考虑绩效评价期间宏观经济政策、外部市场环境、内部管理需要等因素，按照上下结合、分级编制、逐级分解的程序，在与各责任部门沟通反馈的基础上，编制各层级的绩效计划与激励计划。

绩效计划是企业开展绩效评价工作的行动方案，包括构建指标体系、分配指标权重、确定绩效目标值、选择计分方法和评价周期、拟定绩效责任书等一系列管理活动。制订绩效计划通常从企业级开始，层层分解到所属单位（部门），最终落实到具体岗位和员工。

企业可运用关键绩效指标法、经济增加值法、平衡计分卡等工具方法构建指标体系。指标体系应反映企业战略目标实现的关键成功因素，具体指标应含义明确、可度量。

指标权重的确定可选择运用主观赋权法或客观赋权法，也可综合运用这两种方法。主观赋权法是利用专家或其他人的知识与经验来确定指标权重的方法，如德尔菲法、层次分析法等。客观赋权法是从指标的统计性质入手，由调查数据确定指标权重的方法，如主成分分析法、均方差法等。

绩效目标值的确定可参考内部标准与外部标准。内部标准有预算标准、历史标准、经验标准等；外部标准有行业标准、竞争对手标准、标杆标准等。

绩效评价计分方法可分为定量法和定性法。定量法主要有功效系数法和综合指数法等，定性法主要有素质法和行为法等。

绩效评价周期一般可分为月度、季度、半年度、年度、任期。月度、季度绩效评价一般适用于企业基层员工和管理人员，半年度绩效评价一般适用于企业中高层管理人员，年度绩效评价适用于企业所有被评价对象，任期绩效评价主要适用于企业负责人。

绩效计划制订后，评价主体与被评价对象一般应签订绩效责任书，明确各自的权利和义务，作为绩效评价与激励管理的依据。绩效责任书的主要内容包括绩效指标、目标值及权重、评价计分方法、特别约定事项、有效期限、签订日期等。绩效责任书一般按年度或任期签订。

激励计划是企业为激励被评价对象而采取的行动方案，涉及激励对象、激励形式、激励条件、激励周期等内容。

激励计划按激励形式可分为薪酬激励计划、能力开发激励计划、职业发展激励计划和其他激励计划。

①薪酬激励计划按期限可分为短期薪酬激励计划和中长期薪酬激励计划。短期薪酬激励计划主要包括绩效工资、绩效奖金、绩效福利等，中长期薪酬激励计划主要包括股票期权、股票增值权、限制性股票以及虚拟股票等。

②能力开发激励计划主要是对员工知识、技能等方面的提升计划。

③职业发展激励计划主要是对员工职业发展做出的规划。

④其他激励计划包括良好的工作环境、晋升与降职、表扬与批评等。

激励计划的制订应以绩效计划为基础，采用多元化的激励形式，兼顾内在激励与外在激励、短期激励与长期激励、现金激励与非现金激励、个人激励与团队激励、正向激励与负向激励，充分发挥各种激励形式的作用。

绩效计划与激励计划制订完成后，应经薪酬与考核委员会或类似机构审核，报决策机构审批。经审批的绩效计划与激励计划应保持稳定，一般不予调整，若受国家政策、市场环境、不可控因素等客观因素影响，确需调整的，应严格履行规定的审批程序。

二、绩效计划与激励计划的执行

审批后的绩效计划与激励计划，应以正式文件的形式下达执行，确保与计划相关的被评价对象能够了解计划的具体内容。

绩效计划与激励计划下达后，各计划执行单位（部门）应认真组织实施，从横向和纵向两方面将其落实到各所属单位（部门）、各岗位员工，形成全方位的绩效计划与激励计划执行责任体系。

绩效计划与激励计划执行过程中，企业应建立配套的监督控制机制，及时记录执行情况，进行差异分析与纠偏，持续优化业务流程，确保绩效计划与激励计划的有效执行。

①监控与记录。企业可借助信息系统或其他信息支持手段，监控和记录指标完成情况、重大事项、员工的工作表现、激励措施执行情况等内容。收集信息的方法主要有观察法、工作记录法、他人反馈法等。

②分析与纠偏。根据监控与记录的结果，重点分析指标完成值与目标值的偏差、激励效果与预期目标的偏差，提出相应整改建议并采取必要的改进措施。

③编制分析报告。分析报告主要反映绩效计划与激励计划的执行情况及分析结果。

绩效计划与激励计划执行过程中，绩效管理工作机构应通过会议、培训、网络、公告栏等形式，多渠道、多样化、持续不断地沟通与辅导，使绩效计划与激励计划得到充分理解和有效执行。

三、绩效评价与激励的实施

绩效管理工作机构应根据计划的执行情况定期实施绩效评价与激励，按照绩效计划与激励计划的约定，对被评价对象的绩效表现进行系统、全面、公正、客观的评价，并根据评价结果实施相应的激励。

评价主体应按照绩效计划收集相关信息，获取被评价对象的绩效指标实际值，对照目标值，应用选定的计分方法，计算评价分值，并进一步形成对被评价对象的综合评价结果。

绩效评价过程及结果应有完整的记录，结果应得到评价主体和被评价对象的确认，并进行公开发布或非公开告知。公开发布的主要方式有召开绩效发布会、企业网站绩效公示、面板绩效公告等；非公开告知一般采用书面、电子邮件或面谈等方式进行。

评价主体应及时向被评价对象进行绩效反馈，反馈内容包括评价结果、差距分析、改进建议及措施等，可采取反馈报告、反馈面谈、反馈报告会等形式进行。

绩效结果发布后，企业应依据绩效评价的结果，综合运用绩效薪酬激励、能力开发激励、职业发展激励等多种方式，逐级兑现激励承诺。

第三节　案例研究：华为的绩效考核体系及绩效管理步骤

> **案例**
>
> ### 华为的绩效管理
>
> 华为公司经过 30 多年的发展，在企业经营方面成果卓著，成为国内民营企业的标杆。那么是什么支撑企业的发展呢？
>
> 华为公司负责人力资源管理的人员曾表示，在向世界级企业迈进的过程中，卓有成效的人力资源管理体系是缔造华为一个个神

> 话最有利的发动机和保障器，尤其是作为人力资源管理体系三大基石之一的绩效管理（另外两个是任职资格和股权激励），为企业的发展注入了强大动力。
>
> 华为公司的绩效管理首先强调的是抓住绩效考核重点，公司认为，只有科学的绩效管理才能调动员工的工作积极性和主动性。
>
> 绩效考核的目的是改善绩效，而不是分清责任，当绩效出现问题的时候，应将重点放在如何改善绩效而不是划清责任上。绩效管理要注意机制的建立，同时还要坚持引导和激励，通过有效的激励，将员工的积极性和主动性激发出来。

一、建立系统的考核导向体系

1. 不以考核为中心

华为公司认为考核的目的是促进业务的成功，为考核而考核不值得，考核主要侧重于激发员工的工作动机，用各种有效的方法去调动员工的工作积极性，使得员工努力完成企业的目标，并获得一定的精神和物质的奖励。

2. 考核机制倒过来

2012 年，华为公司尝试着将考核机制倒过来，员工按照成就获取利益和分享利益，而不是公司从上到下来分配利益；2013 年，华为公司进一步简化管理，敢于让优秀的干部和团队担负更大的责任，为他们提供更多的机会，让他们获得更高的报酬，同时华为公司将继续降低内部消耗，努力将运营效率再提升。

3. 以责任结果为导向

华为公司强调在绩效评价时不仅仅看销售额，更要看员工在本岗位的有效产出和结果。华为公司《2003—2005年管理工作要点》强调，公司高、中、基层干部的考核都要贯彻责任结果导向的方针。同时，公司对高、中级干部，尤其是高级干部要逐步试行关键行为过程考核，以提高高、中级干部的领导能力和影响力，充分发挥组织的力量。

二、公司的绩效管理中的关键步骤

1. 绩效计划

华为公司采取PBC（Personal Business Commitment），即个人业务承诺的方式，自上到下将集团、部门的工作目标逐级分解到每一个员工。直线经理与员工签订PBC协议，以实现组织绩效和个人绩效的联结。该协议要求员工个人目标要与组织目标保持一致。

2. 绩效辅导与实施

华为公司很重视绩效计划制订后的辅导工作，部门主管应帮助员工达到绩效目标。因此，华为公司要求主管重视对下属的指导，各级管理人员必须与员工保持沟通，了解员工工作进展、需要的支持以及员工个人职业发展意向，对绩效表现不佳的员工给予及时反馈和指导，以避免可能产生的误解和拖延。

3. 绩效评估

华为公司要求绩效考核指标尽量细化且定量。在评估方式方面，公司在关注员工绩效的同时，更关注对团队的考评。在年终评定中，业绩不好的团队的成员原则上不能提拔，也不允许跨部门提拔。华为公司虽然开展严格的绩效考评，但对普通员工付出的劳动，还是强调要给予高于行业平均水平的报酬。

4. 绩效结果反馈与应用

华为绩效评定分为 A、B+、B、C、D 共 5 个等级，公司根据员工半年度绩效和年度绩效进行考评。半年度绩效评定结果不与工资挂钩，主要作为人员培训、任命、调薪、评优和岗位匹配等的参考依据。年度绩效主要与年终奖挂钩，年终奖具体标准由各一级部门根据奖金包的大小及各等级人数情况进行分配，集团总部不做限制。[①]

---

① 张继辰. 华为的绩效管理［M］. 深圳：海天出版社，2016.

第三章
绩效管理
关键绩效指标法

第一节　关键绩效指标法的认知与运用

一、关键绩效指标法的认知

随着压力的不断增加，企业不断探寻有效提升绩效的方法和途径，绩效管理逐渐上升到企业的宏观战略层面。关键绩效指标法作为一种重要的绩效管理工具，通过将企业战略目标层层分解，提炼出有利于企业战略实施的关键成功因素，进而细化企业在价值创造活动中起决定性作用的关键绩效指标，以保证企业整体战略目标的实现。

关键绩效指标法最早由 D. Ronald Daniel 提出，1999 年麦肯锡公司应用关键绩效指标法来解决战略实施问题，将企业绩效评价指标和企业战略相挂钩，引导员工关注重点任务，使企业战略层层贯彻、逐级落实。关键绩效指标具有价值导向的功能，能够切实细化企业战略目标，引导企业绩效管理走出混沌，使企业更快地达成宏观战略目标。

1. 关键绩效指标法的概念

关键绩效指标（Key Performance Indicator，KPI）是通过对组织内部流程的输入端、输出端的关键参数进行设置、取样、计算、分析，衡量流程绩效的一种目标式量化管理指标，是把企业的战略目标分解为可操作的工作目标的工具，是企业绩效管理的基础。

KPI 可以使部门主管明确部门的主要责任，并以此为基础，明确部门人员的业绩衡量指标。建立明确的切实可行的 KPI 体系，是做好绩效管理的关键。关键绩效指标是用于衡量工作人员工作绩效表现的量化指标，是绩效计划的重要组成部分。

关键绩效指标法符合一个重要的管理原理——二八原理，这是由意大利经济学家帕累托提出的一个经济学原理。在一个企业的价值创造过程中，存在着"80/20"的规律，即 20% 的骨干人员创造企业 80% 的价值；而且在每一位员工身上，二八原理同样适用，即 80% 的工作任务是由 20% 的关键行为完成的。因此，必须抓住 20% 的关键行为，通过对关键指标的把控，引导员工关注任务重点，帮助企业实现战略发展目标。

关键绩效指标法通过将企业战略目标层层分解，提炼出有利于企业战略实施的关键成功因素（Core Success Factors，CSF），进而识别出对企业价值创造起决定性作用的关键绩效指标，以保证企业整体战略目标的实现。关键绩效指标法的应用可以说创造出了一种新的绩效管理思路，企业管理者通过抓住关键绩效指标引导员工朝着业务重点方向前进，并将员工目标和组织目标紧密关联起来。

确立关键绩效指标，需要符合 SMART 原则：S 代表具体性，设计关键绩效指标时要做到目标细化，不能笼统模糊；M 代表可衡量性，目标应能进行量化或行为化；A 代表可实现性，在适度的期限内员工通过最大努力可实现，避免设立无效目标；R 代表现实性，目标结果可观察或可证明；T 代表时限性，指标应当在一定期限内完成。

每一个职位都影响某项业务流程的一个过程，或影响过程中的某个点。在订立目标及进行绩效考核时，应考虑职位的任职者是否能控制该指标的结果，如果任职者不能控制，则该项指标就不能作为任职者的业绩衡量指标。比如，跨部门的指标就不能作为基层员工的考核指标，而应作为部门主管或更高层主管的考核指标。

2. 关键绩效指标体系的构成

关键绩效指标体系的构成如表 3.1 所示。

表 3.1　关键绩效指标体系

构成		指标设定依据
第一层次	企业级关键绩效指标	根据战略目标，结合价值创造模式，综合考虑企业内外部经营环境等因素设定
第二层次	所属单位（部门）级关键绩效指标	根据企业级关键绩效指标，结合所属单位（部门）关键业务流程，按照上下结合、分级编制、逐级分解的程序，在沟通反馈的基础上设定
第三层次	岗位（员工）级关键绩效指标	根据所属单位（部门）级关键绩效指标，结合员工岗位职责和价值贡献来设定

3. 关键绩效指标法的主要功能

关键绩效指标法在绩效管理中发挥着不可或缺的作用。

（1）指导和激励功能

关键绩效指标体系的建立，将企业目标落实到员工个体，帮助员工在繁杂的工作任务中找出重点方向。员工通过掌握关键绩效指标，能够在企业实际工作中明确工作重点，约束自己的行为，提高工作效率，朝着实现企业宏观战略目标的方向努力。管理层能够依据关键绩效指标进行战略管理，更有效地实施资源配置。凭借指导和激励功能，关键绩效指标法有效地将企业整体目标与内部人员利益联系起来。

（2）降低管理成本、提高管理效率的功能

关键绩效指标法能够方便企业内部员工进行实时沟通。通过事前和事中控制，员工能够有效明确自身的工作职责，及时发现问题和不足，有助于业务管理人员及时采取改进措施。

为了实现关键绩效指标法的功能，该工具经常与平衡计分卡配合使用。关键绩效指标法能将企业战略目标落地，激励员工完成目前的工作任务，以实现企业的中短期战略目标；平衡计分卡结合企业短期利益目标与长期发展目标，使企业平衡眼前利益与长远利益，满足企业长远发展的需要。

案例1

奖少罚多的绩效考核

某大型制造企业做了三年多的KPI，8项考核指标中有多达6项属于负指标。所谓负指标，就是大家常说的负激励或压力管理。这家企业的员工在一年的时间里，只有一两个月能拿到奖励，其余的月份都要接受扣罚。这三年下来，员工对KPI怨声载道，不少优秀的员工离职而去。

［点评］扣罚出效益的时代已经过去，社会在发展，很多企业管理者的管理思维还停留在扣罚、批评这种粗放型的传统方法上。使优秀人才流失，这绝对不是考核的目的。

> **案例2**
>
> ## 追求全面的绩效考核
>
> 某电子生产企业，为了追求管理精细化、提升人才的综合素质，实行所谓全面的绩效管理，从"德、勤、绩、能"四个维度进行综合考核，每个月和每个季度，都要做大量的考核、调研、数据，但是，企业业绩并没有改善，成本反而大幅度上升，因为工作量大、岗位需求多。
>
> [点评] 精兵简政、关键有效才是中小企业的经营重点。企业不要盲目追求大而全，而应追求恰当的精与细、人和效。绩效考核与行为考核、绩效评估不是一回事，绩效考核强调的是目标、指标和结果，逐月考核，而行为考核、绩效评估可以在季度末和年度末进行操作，而且不要与绩效考核混淆使用。

二、关键绩效指标法的应用环境

有了关键绩效指标考核体系，也不能保证这些指标就能运用于绩效考核，达到预期的效果。是否真正达到效果，还取决于企业是否有关键绩效指标考核的支持环境。建立这种支持环境，同样是关键绩效指标设计时必须考虑的。

1. 以绩效为导向的企业文化的支持

建立绩效导向的组织氛围，通过企业文化化解绩效考核过程中的矛盾与冲突，形成追求优异绩效的核心价值观。

2. 各级主管人员肩负着绩效管理任务

分解与制订关键绩效指标是各级主管必须承担的责任，专业人员只是起技术支撑作用。

3. 重视绩效沟通制度建设

关键绩效指标的建立与落实是一个自上而下、至下而上的制度化过程。没有良好的沟通制度做保证，关键绩效指标考核就不会具有实效性和发展性。

4. 绩效考核结果与价值分配挂钩

实践表明，只有两者紧密相关，以关键绩效指标为核心的绩效考核系统才能真正发挥作用。

三、关键绩效指标法的应用程序

确定关键绩效指标一般遵循下面的过程。

1. 建立评价指标体系

（1）构建关键绩效指标体系的程序

设计关键绩效指标体系需要经过如图 3.1 所示的程序。

第一，细化分解企业战略目标，设立企业级的关键绩效指标。值得注意的是，构建关键绩效指标有一个重要的前提是企业要有明确的战略

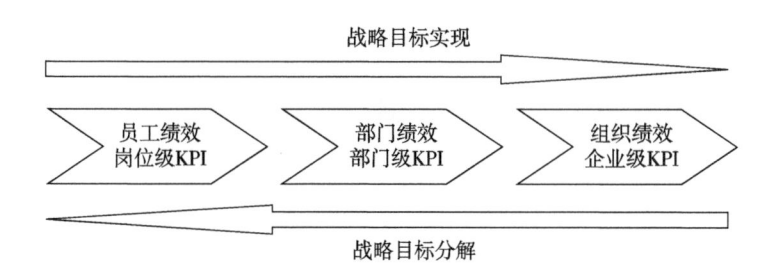

图 3.1　关键绩效指标法应用流程

目标。在此基础上，企业归纳确定关键成功因素，再综合考虑面临的各种内外部环境因素，提取企业级的关键绩效指标。

第二，按照自上而下、逐层分解的方法，根据企业级关键绩效指标设计出部门级的关键绩效指标。在此过程中，需要结合部门的具体工作职责进行分析。

第三，将部门级关键绩效指标分解，得到各岗位的关键绩效指标。分解过程中，需要结合员工岗位的具体工作职责进行分析，岗位级关键绩效指标能够作为员工绩效考核的标准和依据。

建立关键绩效指标体系其实是一个将企业战略层层贯彻、逐级落实的程序。通过由上到下、纵向分解的方法，企业战略目标能够自下而上层层实现，战略目标切实与企业各层次相关联。

（2）关键绩效指标的分类

企业的关键绩效指标一般可分为结果类和动因类两类指标。

结果类指标是反映企业绩效的价值指标，主要包括投资回报率、净资产收益率、经济增加值、息税前利润、自由现金流等综合指标。

动因类指标是反映企业价值关键驱动因素的指标，主要包括资本性支出、单位生产成本、产量、销量、客户满意度、员工满意度、市场份额等。

1）资本性支出

资本性支出指的是企业发生的，其效益涉及两个或两个以上会计年度的各项支出。

2）单位生产成本

单位生产成本是指生产单位产品所耗费的成本。

3）产量

产量是指企业在一定时期内生产出来的产品数量。

4）销量

销量是指企业在一定时期内销售商品的数量。

5）客户满意度

客户满意度，又称客户满意指数，是指客户实际体验过某种产品之后的感觉与其期望值进行对比后得出的指数。

数据收集渠道主要有问卷调查、客户投诉、与客户直接交流沟通等。

6）员工满意度

员工满意度是指员工对企业的实际感知与其期望值相比较后得出的指数，是员工的主观价值判断。

数据收集渠道主要有问卷调查、访谈调查等。

7）市场份额

市场份额，又称市场占有率，是指一家企业的某种产品的销售量（或销售额）在市场同类产品中所占的比重。市场份额反映了企业在市场上的地位，通常市场份额越高，竞争力越强。

关键绩效指标应含义明确、可度量、与战略目标高度相关。指标的数量不宜过多，每一层级的关键绩效指标一般不超过 10 个。

(3) 分配指标权重

关键绩效指标的权重分配应以企业战略目标为导向，反映被评价对象对企业价值贡献或支持的程度，以及各指标的重要性水平。

单项关键绩效指标权重一般设定在 5%～30% 之间，对特别重要的指标可适当提高权重。对特别关键、影响企业整体价值的指标可设立一票否决制度，即如果某项关键绩效指标未完成，无论其他指标是否完成，均视为未完成绩效目标。

关键绩效指标权重的确定方法有德尔菲法、层次分析法、主成分分析法以及标准差法。

1）德尔菲法

德尔菲法，又称为专家调查法，是指邀请专家对各项指标进行权重设置，将所有专家的意见进行整理、归纳、汇总，再反馈给各专家，再次征询意见，如此反复多次，最终取得一个比较一致的结果的方法。

2）层次分析法

层次分析法是指将企业所有绩效指标按一定标准分解成多个层次，将下层指标对于上层指标相对重要性进行两两比较，构成一个两两比较的判断矩阵，求出判断矩阵最大特征值所对应的特征向量作为指标权重值的方法。

3）主成分分析法

主成分分析法是指将原来的多个变量重新组合成一组新的互相无关的综合变量，同时根据实际需要从中选出几个综合变量尽可能多地反映原来变量信息的方法。

4）标准差法

标准差法是指将企业各项指标定为随机变量，将指标在不同方案下的数值作为该随机变量的取值，然后求出随机变量的标准差，根据不同随机变量的离散程度确定指标权重的方法。

（4）确定绩效目标值

企业确定关键绩效指标目标值，一般参考以下标准。

①依据国家有关部门或权威机构发布的行业标准或参考竞争对手标准。

②参照企业内部标准，包括企业战略目标、年度生产经营计划目标、年度预算目标、历年指标水平等。

③不能按前两项方法确定的，可根据企业历史经验值确定。

关键绩效指标的目标值确定后，应规定内外部环境发生重大变化、自然灾害等不可抗力因素对绩效完成结果产生重大影响时，对目标值进行调整的办法和程序。一般情况下，由被评价对象或评价主体测算确定影响额度，向相应的绩效管理工作机构提出调整申请，报薪酬与考核委员会或类似机构审批。

（5）选择计分方法和评价周期、拟定绩效责任书

绩效评价计分方法和周期的选择、绩效责任书的签订、激励计划的制订，绩效计划与激励计划的执行、报告编制等可参照《管理会计应用指引第 600 号——绩效管理》。

2. 设定评价标准

一般来说，指标指的是从哪些方面对工作进行衡量或评价；而标准指的是在各个指标上分别应该达到什么样的水平。指标解决的是需要评价"什么"的问题，标准解决的是要求被评价者做得"怎样"、完成"多少"的问题。

3. 审核关键绩效指标

比如，审核这样的一些问题：多个评价者对同一个绩效指标进行评价，结果是否能取得一致？这些指标的总和是否可以解释被评估者80%以上的工作目标？跟踪和监控这些关键绩效指标是否可以操作？审核主要是为了确保这些关键绩效指标能够全面、客观地反映被评价对象的绩效，而且易于操作。

案例3

关键绩效指标法在某医院手术室护士绩效考核中的应用

一、关键绩效指标法绩效考评的指标

遵循KPI及其标准确定手术室护士业绩考评的重心，即工作量和工作业绩两大考评项目。制订绩效考核项目细则，即按照SMART原则将手术室护士的工作量及工作业绩分解成可测量、可实现的、有时间要求的具体考核项目。

工作量考核项目：根据各岗位不同的工作内容设计工作量统计表格，由各岗位护士每天填写，每月26号上报后由专人负责核查。

工作业绩考核项目：手术配合组考核项目包括规章制度执行、核心制度落实、洗手护士工作程序、巡回护士工作程序、专科理论、护理操作、设备使用、护理记录、护理风险防范、夜班工作、小组得分、科室贡献、满意度调查等13个方面。

白班岗位考核项目包括岗位职责、规章制度执行、责任区检查情况、专科理论、护理操作、各种记录、物品管理、小组分工、其他岗位测评等9个方面。培训期护理考核项目为规章制度执行、核心制度落实、理论知识、操作技能、设备使用、夜班工作、学习笔记、护理查房、调查评价、洗手护士工作程序等10个方面。

二、关键绩效指标法绩效考评实施的对象及方法

将手术室护士按照业务岗位分工分为手术配合、白班岗位、培训期三大组，其中手术配合划分为微创、脑胸、乳甲、骨口喉、腹、妇6个小组，培训期划分为培训期洗手护士和培训期白班2个小组，白班岗位分为岗位责任人、取送打包室2个小组，共计10组人员。按各类人员的考核项目制订考核评价标准，并根据考核评价标准内容列出每月考核计划和考核细则，依据考核细则制订各项目督察表，各项目督查工作设专人负责检查并记录。每周例会总结周督查结果，每月28号公示各组排名。

工作业绩考核项目奖金分配原则：绩效考核奖金占总金额30%，其中20%为基础奖金，10%为奖惩基金；每月排名末位者扣除10%绩效奖金，3人以上小组第一名奖励200元，第二名奖励100元，连续3个月排名末位扣除20%绩效奖金，连续6个月排名末位的待岗培训；发生不良事件时，主动上报、填写护理缺陷记录及改正报告且既往无过失记录者免于处罚，既往有记录人员给予降级处罚，第3次出现同类问题则扣除当月奖金。

四、关键绩效指标法的优缺点

关键绩效指标法的主要优点有：①使企业业绩评价与战略目标密切相关，有利于战略目标的实现；②通过识别价值创造模式把握关键价值驱动因素，能够更有效地实现企业价值增值目标；③评价指标数量相对较少，易于理解和使用，实施成本相对较低，有利于推广实施。

关键绩效指标法的主要缺点是，关键绩效指标的选取需要透彻理解企业价值创造模式和战略目标，有效识别核心业务流程和关键价值驱动因素，指标体系设计不当将导致错误的价值导向或管理缺失。

第二节　案例研究：关键绩效指标法的工具方法评价

> **案例**
>
> ### 基于H公司的关键绩效指标设计
>
> H热电公司（以下简称H公司）主要经营电力、热力生产和销售，公司的绩效一直没能达到预期，特别是环保投入较大、安全隐患过重等问题，使企业运营产生了较大的压力。随着人们绿色环保理念的增强，企业管理层认识到需要转变发展理念，并且在生产经营、内部管理等方面做了大量工作，通过构建关键绩效指标体系，实现了公司的利润增长。

一、公司战略目标的确定

H 公司的愿景是成为地方发电企业中的领先者，响应绿色发展的社会号召，节能减排，实现绿色能源的开发，承担企业社会责任，实现可持续性的经济效益和社会效益。H 公司总体战略是通过系列举措，实现公司价值和竞争力的逐步提升，成为一流的发电企业。

为实现总体战略目标，对 H 公司进行 SWOT 分析。

H 公司具备的优势：整体文化氛围积极向上，并且拥有较为稳定的优质客户；H 公司进行了生产技术的改造，购入了一批环保设备，为实现节能减排目标提供了基础；安全事故的发生引起了企业管理层对安全管理的高度重视，H 公司为提高安全管理效率，高度重视安全系统建设。

H 公司存在的劣势：公司内部员工没有新型环保设备的运营经验，其人才结构不合理；不重视员工培养，造成企业人才的储备数量不足，特别是缺少安全专家的培养机制；公司安全管理经验缺乏，整体上对安全生产把控不足。

H 公司具有良好的发展机遇，政府大力提倡环保技术在发电行业的应用，绿色电力成为目前的主流发展方向。

H 公司面临的威胁：电力需求增长平缓、市场增量空间小、未来需求侧对电网的电力需求中长期内基本维持不变。

通过 SWOT 分析得出企业具体战略目标为实现股东价值、员工价值以及社会价值同步增长。H 公司与优质客户等需要维持互惠的长期合作关系，以经济效益为中心，确保关键设备的完好率为 100%，完成绿色发展计划，实现降本增效无止境；创建学习型企业和良好的企业文化，尽量避免发生安全事故，降低事故损失，不断提升安全生产技术水平和企业员工的整体安全素质。

H公司的战略整体上来说能够帮助企业适应市场的发展，通过利用企业生产技术的优势，帮助企业应对新型发电领域——绿色电力的竞争。

二、公司战略目标的分解

为了将公司战略转化为可行性的行动计划，需要对公司战略目标进行分解。

第一，确定企业战略目标及影响目标达成的关键成功因素，分别是安全生产、生产管理、节能环保、利税增长和队伍建设。利用鱼骨图法将企业的关键成功因素进行分解，设计出公司级KPI的主要维度。

第二，分析企业的关键成功因素，识别出关键成功因素的重点工作任务，设计出公司级的绩效指标类型。

第三，验证公司级的KPI，指标应符合SMART原则。经过验证后，企业级关键绩效指标最终形成。

在设计完企业级关键绩效指标后，需要按照部门对其进行分解。H公司共有10个部门，具体包括6个业务运营部门、4个行政部门。根据各部门不同工作职责，设置财务和非财务的关键绩效指标作为绩效考核的标准。具体做法：围绕企业级关键绩效指标采用任务矩阵排列法设立出部门级关键绩效指标，将关键绩效指标作为表格矩阵的第一列，H公司的各个部门作为表格矩阵的第一行，并且参考部门职责和流程，识别分解后的关键绩效指标归属于 H 公司的哪个部门。

结合实际情况对部门目标进行分解，形成岗位级关键绩效指标，并将岗位级关键绩效指标落实到具体岗位。在具体实施分解过程中，使用任务矩阵排列法，将分解得出的 H 公司安全环保部门岗位级关键绩效指标作为矩阵的第一列，H 公司安全环保部门全部岗位作为矩阵的第一行，依照岗位工作职责来识别具体关键绩效指标分属哪个岗位。

设立岗位级关键绩效指标不仅要考虑部门目标的分解，而且需要参照有关岗位任务职能的要求，分析出岗位全部的关键绩效指标。

对关键绩效指标体系实施效果进行前后对比。雷达图以安全生产、生产管理、节能环保、利税增长、队伍建设的关键绩效指标类型为基础，将 H 公司 5 年的关键绩效指标评分进行对比，可以分析出 H 公司安全生产、生产管理、节能环保、利税增长在整体上都呈现一种上升的趋势，这与 H 公司转变发展理念、实行绿色发展计划、注重企业可持续发展的战略有关。在企业战略的指导下，关键绩效指标体系的构建帮助企业实现了节能环保和安全生产。

第四章
绩效管理
经济增加值法

第一节　经济增加值法的认知与运用

一、经济增加值法的认知

经济增加值是近年来引人注目和被广泛使用的业绩考核指标，它是一种把会计基础和价值基础结合起来的评价方法。该评价方法被一些杰出企业所采用，并帮助它们取得了非凡的业绩。为了充分发挥业绩考核的导向作用，实现价值创造的新飞跃，国资委决定从2010年开始在中央企业全面推行经济增加值考核。

1. 经济增加值的概念

EVA（Economic Value Added）是经济增加值的英文缩写，指从税后净营业利润中扣除包括股权和债务的全部投入资本成本后的所得。其核心是资本投入是有成本的，企业只有在盈利高于资本成本（包括股权成本和债务成本）时，才会为股东创造价值。EVA是一种更能全面评价企业经营者有效使用企业资本为股东创造价值的能力，并体现企业最终经营目标的企业经营业绩考核工具。EVA的持续增长意味着企业市场价值的不断增加和股东价值的增长，从而实现股东价值最大化的管理目标。

2. 经济增加值的意义

经济增加值是对企业资产负债表和利润表的综合考量，同时揭示了企业的经营效率和资本的使用效率。通过在计算过程中进行相应的会计调整，充分考虑了企业的自主创新、持续发展、主营业务等经营导向，更能反映企业的核心竞争力和经营现状，促使企业更加关注其长期价值创造能力。EVA 管理不仅是有效的业绩考核和绩效管理方法，还是一套先进的价值管理体系。将 EVA 管理贯穿于企业的战略制订、风险管理、投资管理、资源分配、兼并收购等经营活动，形成以 EVA 创造为导向的完整的价值管理体系，是一种可以使公司内部各级管理层致力于股东价值最大化的管理创新。

二、经济增加值法的应用环境

经济增加值的概念源于诺贝尔奖获得者经济学家默顿·米勒和弗兰克·莫迪格莱尼关于公司价值的模型。1982 年美国思腾思特公司正式推出 EVA 考核体系，并将其发展为一种全新的体系。其基本内涵就是企业经营要考虑各种要素成本，包括资本的成本，只有企业的创造扣除了资本等所有要素成本之后的盈余，才能真正称为企业创造的财富。

EVA 指标从股东价值创造角度反映企业的经营绩效，使企业的规模和效率实现均衡，长期利益和短期利益得到兼顾，曾被美国《财富》杂志称为"现代公司管理的一场革命""创造价值的金钥匙"。截至目前，以 EVA 为核心的价值管理体系的运用已经相当广泛，西门子、波音、GE、可口可乐、索尼等国际知名公司采用 EVA 作为业绩评价和奖励经营者的重要依据。2001 年，青岛啤酒率先引入这种价值管理体系，随即 EVA 在我国引起广泛关注，华为、TCL 等公司都先后采用 EVA 进行企业内部业绩考核。国资委非常重视 EVA 考核评估方式的应用，积极引导一些有条件的企业集团进行 EVA 考核的探索。2007 年 1 月，国资委颁布的《中央企业负责人经营业绩考核暂行办法》把 EVA 引入考核体系，鼓励中央企业使用 EVA 指标进行年度经营业绩考核。2008 年中央企业负责人经营业绩考核工作会议进一步明确，从 2010 年起全面采用 EVA 对中央企业经营业绩进行考核。

①企业应用经济增加值法，应树立价值管理理念，明确以价值创造为中心的战略目标，建立以经济增加值为核心的价值管理体系，使价值管理成为企业的核心管理制度。

②企业应综合考虑宏观环境、行业特点和企业自身的实际情况，通过价值创造模式的识别，确定关键价值驱动因素，构建以经济增加值为核心的指标体系。

③企业应建立清晰的资本资产管理责任体系，确定不同被评价对象的资本资产管理责任。

④企业应建立健全会计核算体系，确保会计数据真实可靠、内容完整，并及时获取与经济增加值计算相关的会计数据。

⑤企业应加强融资管理，关注筹资来源与渠道，及时获取债务资本成本、股权资本成本等相关信息，合理确定资本成本。

⑥企业应加强投资管理，把能否增加价值作为新增投资项目决策的主要评判标准，以保持持续的价值创造能力。

三、经济增加值法的应用程序

构建经济增加值指标体系，一般按照以下程序进行。

1. 制订企业级经济增加值指标体系

应结合行业竞争优势、组织结构、业务特点、会计政策等情况，确定企业级经济增加值指标的计算公式、调整项目、资本成本等，并围绕经济增加值的关键驱动因素，制订企业的经济增加值指标体系。

2. 制订所属单位（部门）级经济增加值指标体系

根据企业级经济增加值指标体系，结合所属单位（部门）所处行业、业务特点、资产规模等因素，在充分沟通的基础上，设定所属单位（部门）级经济增加值指标的计算公式、调整项目、资本成本等，并围绕所属单位（部门）经济增加值的关键驱动因素，细化制订所属单位（部门）的经济增加值指标体系。

3. 制订高级管理人员的经济增加值指标体系

根据企业级、所属单位（部门）级经济增加值指标体系，结合高级管理人员的岗位职责，制订高级管理人员的经济增加值指标体系。

四、经济增加值的计算

1. 经济增加值的计算公式

经济增加值是税后净营业利润扣除全部投入资本的成本后的剩余收益，是扣除了股东及债权人所投入的资本成本之后的真实利润。

经济增加值 = 税后净营业利润 − 平均资本占用 × 加权平均资本成本率

其中：税后净营业利润衡量的是企业的盈利情况，平均资本占用反映的是企业持续投入的各种债务资本和股权资本，加权平均资本成本率反映的是企业各种资本的平均成本率。

税后净营业利润等于会计上的税后净利润加上利息支出等会计调整项目后得到的税后利润。平均资本占用是所有投资者投入企业经营的全部资本，包括债务资本和股权资本。加权平均资本成本率是债务资本成本率和股权资本成本率的加权平均值，反映了投资者所要求的必要报酬率。

2. 涉及的会计调整项目及加权平均资本成本率的确定

（1）税后净营业利润涉及的会计调整项目

税后净营业利润衡量的是企业的盈利情况，它等于会计上的税后净利润加上利息支出等会计调整项目后得到的税后利润。需调整项目如下。

1）研究开发费、大型广告费等

研究开发费、大型广告费等一次性支出收益期较长，应予以资本化处理，不计入当期费用，应当进行调增。

2）反映付息债务成本的利息支出

反映付息债务成本的利息支出，不作为期间费用扣除，计算税后净营业利润时扣除所得税影响后予以加回，即进行调增。

3）营业外收支

营业外收入、营业外支出具有偶发性，将当期发生的营业外收支从税后净营业利润中扣除。营业外收入进行调减，营业外支出进行调增。

4）减值损失

将当期减值损失扣除所得税影响后予以加回，即进行调增，并在计算资本占用时相应调整资产减值准备发生额。

5）递延税金

递延税金不反映实际支付的税款情况，将递延所得税资产及递延所得税负债变动影响的企业所得税从税后净营业利润中扣除，相应调整资本占用。

6）其他非经常性损益调整项目

其他非经常性损益调整项目包括股权转让收益等。收益类应进行调减，损失类应进行调增。

税后净营业利润＝净利润＋（利息支出±其他调整事项）×（1－所得税税率）

（2）平均资本占用涉及的会计调整项目

平均资本占用反映的是企业持续投入的各种债务资本和股权资本，平均资本占用是所有投资者投入企业经营的全部资本，包括债务资本和股权资本。

其中债务资本包括融资活动产生的各类有息负债，不包括经营活动产生的无息流动负债；股权资本中包含少数股东权益。

资本占用除根据经济业务实质相应调整资产减值损失、递延所得税等，还可根据管理需要调整研发支出、在建工程等项目，引导企业注重长期价值创造。

平均资本占用＝平均所有者权益＋平均负债合计－平均无息流动负债－平均在建工程

(3) 加权平均资本成本率的确定

加权平均资本成本率反映的是企业各种资本的平均成本率，是债务资本成本率和股权资本成本率的加权平均值，反映了投资者所要求的必要报酬率。计算公式如下：

加权平均资本成本率＝债务资本成本率×（债务资本÷资本占用）×（1－所得税税率）＋股权资本成本率×（股权资本÷资本占用）

1) 债务资本成本率

债务资本成本率是企业实际支付给债权人的税前利率，反映的是企业在资本市场中债务融资的成本率。如果企业存在不同利率的融资来源，债务资本成本率应使用加权平均值。

2) 股权资本成本率

股权资本成本率是在不同风险情况下，所有者对投资者要求的最低回报率，计算公式为：

$$K_S = R_f + \beta(R_m - R_f)$$

其中：R_f为无风险收益率，R_m为市场预期回报率，$R_m - R_f$为市场风险溢价，β是企业股票相对于整个市场的风险指数。上市企业的β值，可采用回归分析法或单独使用最小二乘法测算确定，也可以直接采用证券机构等提供或发布的β值；非上市企业的β值，可采用类比法，参考同类上市企业的β值确定。

例如：某企业2021年债务资本为3000万元，股权资本为5000万元，债务资本成本率为8%，无风险收益率为6%，股权资本市场预期回报率为10%，风险指数为1.5，企业所得税税率为25%，计算该企业2016年加权平均资本成本率。

股权资本成本率 = 6% + 1.5 × (10% − 6%) = 12%

加权平均资本成本率 = 8% × (3000 ÷ 8000) × (1 − 25%) + 12% × (5000 ÷ 8000) = 9.75%

企业级加权平均资本成本确定后，应结合行业情况、不同所属单位（部门）的特点，通过计算（能单独计算的）或指定（不能单独计算的）的方式确定所属单位（部门）的资本成本。

通常情况下，企业对所属单位（部门）所投入资本即股权资本的成本率是相同的，为简化资本成本的计算，所属单位（部门）的加权平均资本成本一般与企业保持一致。

五、经济增加值法的优缺点

①经济增加值是在利润的基础上计算的，基本属于财务指标，未能充分反映产品、员工、客户、创新等非财务信息。

②资本成本计算困难。债务成本及权益成本的确定方法采用国际及国内专业评级机构、投资银行、商业银行债信评级方法和常用指标等。

③经济增加值指标归根结底来源于历史性的会计数据，是一个只能反映企业当期业绩的静态指标，对于长期现金流量缺乏考虑。

④在计算经济增加值时，对于什么应该包括在投资基础内，净收益应做哪些调整以及资本成本的确定，存在较多争议，而这样的争议不利于建立一个统一的规范。缺乏统一性的业绩评价指标，经济增加值法只能在一家企业的内部评价中使用。

⑤就长期而言，经济增加值不能准确反映和控制公司的风险，高经济增加值可能加剧风险，这是经济增加值指标的内在矛盾。

第二节　经济增加值的价值管理观

一、经济增加值对价值管理观的影响

经济增加值就是税后净营业利润减去投入资本的机会成本后的所得，注重资本费用是经济增加值的明显特征。由于考虑到包括权益资本在内的所有资本的成本，经济增加值体现了企业在某个时期创造或损耗了的财富价值量，不同的行业、不同的地域、不同的阶段，资本的成本是不一样的。只有当企业创造的税后净营业利润超出资本的成本诉求的时候，企业才是在"赚钱"。

经济增加值结束了免费使用股东资本的时代，企业的创造只有扣除了股东资本成本之后仍有盈余，才能真正称为创造了企业经营利润。股东资本有成本，国有资本也一样有成本。经过国资委对中央企业的监管和引导，国有资本保值增值业绩取得长足的进步，"是企业就要赚钱""国有企业也必须保值增值"等基本的理念逐步根植于中央企业经营行为之中。

经济增加值就是要求企业经营者从股东的利益角度去开展企业经营。经济增加值的应用，可以有效地杜绝过去国有企业浪费国家资源的现象，也可以改变盲目上规模、盲目上项目的现象。

二、业绩考核中增加经济增加值指标的作用

1. 有利于企业正确评价自身业绩

经济增加值理论倡导有效益的增长，鼓励价值创造行为。提高经济增加值水平，既要靠增加净利润，又要靠降低资本成本。在企业负债率水平较高、投资风险较大的情况下，尤其要避免盲目投资，减少资本占用。引入经济增加值有助于创新体制机制，优化资源配置，转变增长方式，推进技术创新，强化资源节约。

2. 有利于企业提升市场竞争能力

一些企业存货和应收账款占用较多，现金流比较紧张；还有一些企业传统市场出现萎缩，新的市场开拓进展缓慢，业务转型任务艰巨，这都给企业控制经营风险带来了隐患。经济增加值考核可以使企业树立资本成本意识，并以回报必须高于投资成本的标准对新增投资进行取舍和管理，引导企业通过合理投资、改善管理、提升业绩、扩大资产和调整资本结构等手段增强竞争力。

3. 有利于企业关注资本效率

强化资本成本观念使企业经营者认识到筹集到的权益资本，与银行借款一样，都是有成本的，股东权益并非免费的午餐。此前业绩考核体系主要以财务指标为主，而财务指标又以利润等绝对量指标为主，容易造成企业盲目扩大规模，追求数量而忽视质量。在考核体系中加入经济

增加值对标的主要目的，是保证考核的合理性与薪酬激励的公平性。当外部经营环境发生重大变化或严重恶化时，企业将无法或难以完成在经营业绩考核责任书中承诺的考核目标值。在这种情况下，有两种解决办法，一是在考核期结束之前对目标值进行调整，往往缺乏调整的客观依据并形成考核方与被考核方之间的博弈；二是借助于对标比较，即当企业未能完成目标值但却相对于同行业对标企业表现较好时，凭借 EVA 的对标指标，可以独立获得考核得分，或者在相反的情况下，可以通过对标指标减分，以消除外部经济环境变化的影响。

4. 有利于企业的长远发展

采用 EVA 关键驱动因素分析的实证方法，或通过信息化技术固化的大型数学迭代模型，对全部财务指标依次计算，以此识别那些在经营、投融资过程中对 EVA 指标起关键性作用的因素，并据此对 EVA 的改进和资源配置调整提出客观性及实证性建议，可以较好地克服企业的短视行为，使管理者专注于企业长期业绩的提升与可持续发展。

5. 有利于企业进行横向比较

EVA 指标消除了企业间规模、行业、发展基础、经营风险等方面的差异，更能真实反映企业的经营业绩。

三、推进经济增加值考核工作的要点

（1）抓住工作核心，搞清经济增加值考核的导向，抓住关键指标。

①"三个导向"。第一，突出企业的资本属性，引导企业增强价值创造能力，提升资本回报水平。第二，突出提高发展质量，引导企业做

强主业、控制风险、优化结构。第三，突出可持续发展，引导企业更加重视自主创新，更加重视战略投资，更加重视长远回报。

② "四项重点"。第一，提升现有资本使用效率，优化管理流程，改善产品结构，减少存货和应收账款。第二，抓紧处置不良资产，不属于企业核心主业、长期回报过低的业务，坚决压缩，及时退出。第三，提高投资质量，把是否创造价值作为配置资源的重要标准，确保所有项目投资回报高于资本成本，投资收益大于投资风险。第四，优化资本结构，有效使用财务杠杆，降低资本成本。要将价值管理融入企业发展全过程，抓住价值驱动的关键因素，层层分解落实责任。

③ "四条政策"。第一，鼓励加大研发投入，将研究开发费用视同利润来计算考核得分。第二，鼓励为获取战略资源进行风险投入。第三，鼓励可持续发展投入，对符合主业的在建工程，从资本成本中予以扣除。第四，限制非主业投资，对非经常性收益减半计算。

（2）抓紧做好准备工作，经济增加值考核要跟企业发展战略、年度预算、全员考核，短板管理、分配任免相结合。

（3）加强培训工作。培训工作要覆盖各级部门以及从事业绩考核工作的有关人员。

（4）注意随时跟踪，动态调整，建立一套符合企业实际的经济增加值考核体系，要制订一系列配套政策，同时对企业特殊的重大事项予以适当考虑。

总之，经济增加值在业绩考核中的运用会对中国企业的价值管理产生重大影响，会引导企业注重价值创造，会有利于落实出资人的责任，会把科学发展观的理念落实在业绩考核的体系建设中。

第五章
绩效管理
平衡计分卡

第一节　平衡计分卡的认知与运用

一、平衡计分卡的认知

1. 平衡计分卡的基本框架

平衡计分卡（BSC）从财务、客户、企业内部流程、学习与创新四个维度来考核一家企业的绩效，这四个维度构成了平衡计分卡的框架（见图 5.1）。

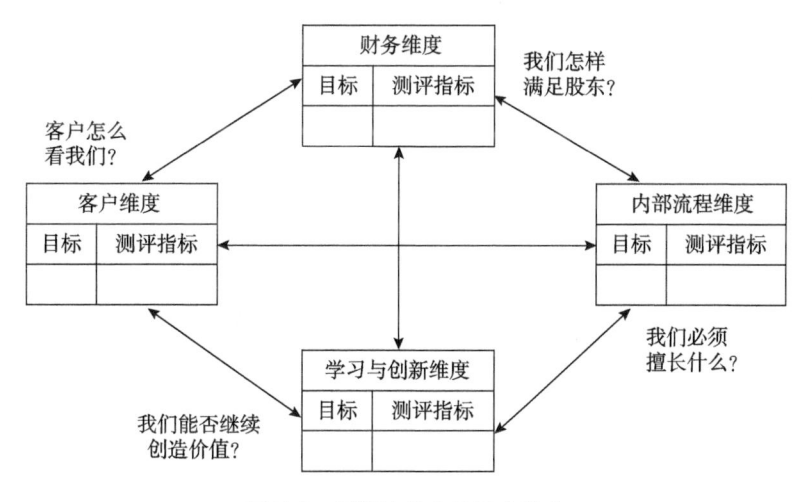

图 5.1　平衡计分卡的四个维度

平衡计分卡是以平衡为目的，寻求企业短期目标和长期目标之间、财务绩效和非财务绩效之间、落后指标与先进指标之间、企业内部成长与满足顾客需求之间的某种平衡状态，全面衡量企业战略管理绩效，并进行战略控制的重要工具和方法。它是解决绩效管理的有效工具之一。

现实中并不存在一种适合所有企业或整个行业的绩效测评体系。不同的市场地位、产品战略和竞争环境，要求有不同的绩效测评体系。各单位应当设计出各有特点的绩效测评体系，使之与自己的使命、战略、技术和文化相符。实际上，绩效测评体系是否成功的关键，在于其透明度：通过 15~20 个绩效测评指标，一个观察者应该能够看清该企业的竞争战略。

平衡计分卡正是这样一种设计绩效测评体系的方法，不同的企业可以根据自身的特殊情况，设计出自己的绩效测评指标体系，以推进战略实施，如图 5.2 所示。

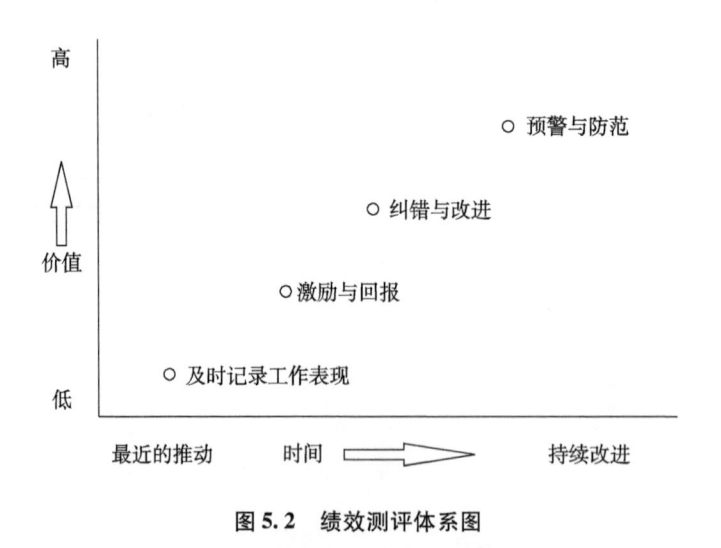

图 5.2　绩效测评体系图

平衡计分卡的基本框架（如图 5.3 所示）向我们展示了一个组织

在实施战略管理的过程中所应考虑的几个方面。

从财务层面来看：股东对我们有什么样的要求？从财务的角度如何衡量战略目标的达成效果？我们如何在战略目标达成过程中保证满足股东的要求？我们如何达成战略中的财务层面要求？

从客户层面来看：要达成我们的战略目标，我们需要向客户展示什么？客户对我们的要求是什么？从客户的角度如何衡量战略目标的达成效果？我们如何在战略目标达成过程中保证满足客户的要求？我们如何达成战略中客户层面的目标？

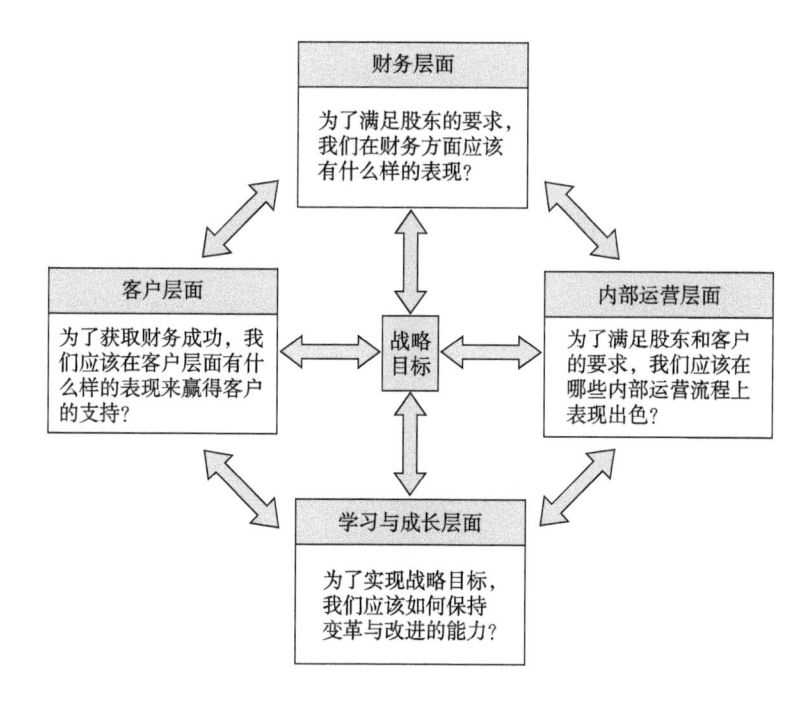

```
                    ┌─────────────────┐
                    │    财务层面     │
                    │                 │
                    │ 为了满足股东的要求，│
                    │ 我们在财务方面应该│
                    │ 有什么样的表现？ │
                    └─────────────────┘
                            ↕
┌─────────────────┐    ┌─────────┐    ┌─────────────────┐
│   客户层面      │    │         │    │   内部运营层面   │
│                 │    │  战略   │    │                 │
│ 为了获取财务成功，我│←→│  目标   │←→│ 为了满足股东和客户│
│ 们应该在客户层面有什│    │         │    │ 的要求，我们应该在│
│ 么样的表现来赢得客户│    │         │    │ 哪些内部运营流程上│
│ 的支持？        │    └─────────┘    │ 表现出色？      │
└─────────────────┘                    └─────────────────┘
                            ↕
                    ┌─────────────────┐
                    │  学习与成长层面  │
                    │                 │
                    │ 为了实现战略目标，│
                    │ 我们应该如何保持 │
                    │ 变革与改进的能力？│
                    └─────────────────┘
```

图 5.3　平衡计分卡的基本框架

从内部运营层面来看：我们需要在内部运营的哪些方面表现卓越，才能确保战略目标的达成？根据股东和客户的要求，我们需要重点改进哪些内部运营流程？与我们的竞争对手相比较，我们在内部运营的哪些方面应领先？

从学习成长层面来看：要达成我们的战略目标、满足股东、客户以及企业自身内部运营的需求，我们需要做出怎样的改变？取得怎样的进步？我们需要什么样的人力资本、信息资本、组织氛围等软性因素作为支撑？我们如何持续不断地提升员工能力去确保财务、客户以及内部运营等方面的目标的实现？我们需要塑造什么样的文化来促成员工的成长并保持员工的士气与激情？我们如何整合企业内的信息资源，使之成为战略达成的有力支撑？

平衡计分卡提出从上述四个层面来思考战略目标达成，打破了过去只依靠财务指标衡量战略目标达成情况的战略管理模式。平衡计分卡的提倡者认为，传统的财务性指标只能衡量过去发生的事情，属于落后的结果性指标，这种落后性指标无法前瞻性地评估组织战略达成情况，无法形成有效的预警，对战略执行的指导意义也是有限的。在信息化社会，传统的以财务指标为核心的方法已经远远不能满足组织的需要，组织必须更加注重那些对战略达成有关键性意义的领先的驱动因素，通过在客户、供应商、员工、内部运营、技术和革新等方面的不断改善，在战略达成过程中保持一种平衡的状态，即组织长期目标与短期目标平衡，外部驱动因素和内部驱动因素平衡，战略达成结果和战略达成过程平衡，财务衡量方法和非财务衡量方法平衡。

2. 平衡计分卡的基本特征

平衡计分卡注重短期目标与长期目标的平衡、财务指标与非财务指标的平衡、结果性指标与动因性指标的平衡、企业内部利益与外部利益的平衡，所以能反映组织综合经营状况，使业绩评价趋于平衡和完善，利于组织长期发展。

（1）短期目标与长期目标的平衡

权益净利率、经济增加值等单一财务评价指标导致企业追求短期利益，忽视长远发展。平衡计分卡则将财务指标与非财务指标相结合，从利润等短期目标的实现与客户满意度、员工素质提升等长期目标的实现两个方面评价和考核企业，从而实现了对企业长、短期绩效的全方位评价。

（2）财务指标与非财务指标的平衡

传统的企业绩效评价方法只注重财务方面的绩效。平衡计分卡不仅有效地保留了财务指标中的有益成分，还将非财务指标补充进来，使企业绩效评价指标体系更加完整，进而实现了对企业的全面评价。

（3）结果性指标与动因性指标的平衡

平衡计分卡以有效完成战略为动因，以可衡量的指标为目标管理的结果，寻求结果性指标与动因性指标之间的平衡。

（4）企业内部利益与外部利益的平衡

传统的绩效评价往往只注重企业内部财务评价。平衡计分卡将评价的视线由企业内部扩大到企业外部，包含了股东、客户等外部因素，实现了对企业经营的全方位评价。

二、平衡计分卡的应用环境

有的企业在使用平衡计分卡的时候出现了一些质疑的声音和困

惑——平衡计分卡不仅未能解决企业绩效考核的难题，反而使考核变得更加难以操作。

运用平衡计分卡要注意以下问题。

1. 企业的考核指标要科学、合理

企业要围绕当年经营管理的重点问题，并适当兼顾发展需要，来制订、分解考核指标，而不是为了考核而考核。

2. 一定要有制度安排

所谓制度安排，即"四有"：有制度、有流程、有量化、有考核。如果没有这些基础，盲目实施，当然不可能马上成功。

有些企业总是梦想着从经验管理（或能人管理）一步跨越到现代管理，这是不现实的。

3. 没有固定的模式

不同的企业，由于管理基础不同、员工素质不同、企业文化不同、企业运营特点不同、集团总部对下属企业的管控模式不同等因素，在运用平衡计分卡这个工具的时候，其指标、方法、考核方式等，肯定是有很多区别的。

三、平衡计分卡应用的影响因素

平衡计分卡是一个功能强大的战略管理工具，但要达到预期的效果，应当把握关键影响因素，具体如下。

1. 高级管理层的支持

成功实施平衡计分卡，最基本的一点是要获得组织管理者的承诺和支持。管理者应在全公司范围内宣传与倡导平衡计分卡理念，使得各层管理人员和员工能形成对平衡计分卡的正确认识，以便正式施行时能提供配合。

2. 确保平衡计分卡的战略性

企业运用平衡计分卡的目的是建立战略执行和组织绩效管理体系，改进战略管理流程，而不只是绩效考核，因此，企业平衡计分卡必须保持其战略性。

3. 运用平衡计分卡消除职能壁垒

战略实施的一个主要障碍是不同职能部门之间的目标不一致，形成职能壁垒。为了克服这些障碍，管理者在设计各层面的计分卡时应选择恰当的目标和指标来消除部门壁垒，改善组织的协调体系，提高组织整体的协调性。

4. 建立战略管理办公室

企业需要建立一个专业化的组织——战略管理办公室，该组织的作用是按照时间表和战略流程对企业内部各管理层战略进行管理。其核心职能包括：战略图和计分卡的开发与更新、协同组织、战略传达、战略评估和行动方案管理。

5. 与薪酬体系联系

平衡计分卡与薪酬体系相联系可以激励全体员工把工作重点集中在实现平衡计分卡的目标上。在设计薪酬时，应该注意部门之间的合作关系。如果奖励机制只局限于职能目标，如销售收入，会给组织绩效的其他方面带来不利影响。因此，在设计薪酬时必须全面考虑平衡计分卡四个方面的目标。

6. 建立平衡计分卡的信息管理平台

为了保证平衡计分卡体系的有效运行，应将平衡计分卡管理的内容整合到一个信息管理平台中，这样可以以有效的方式对信息进行系统化管理。同时，建立一个基于平衡计分卡的管理信息系统能减少行政性事务和手工操作。

四、引入平衡计分卡的基本程序

引入平衡记分卡需要非常慎重，绝不是一朝一夕就可以完成的。一般来说，引入平衡记分卡的时间周期在两年以上，才能发挥它的作用。使用平衡记分卡的企业，不再只将财务指标视为公司绩效的唯一指标。以平衡记分卡为基础建立企业的绩效考核体系，一般需要经由以下四个基本程序。这四个程序既相互独立，也可共同为把长期的战略目标与短期的行动联系起来发挥作用。

1. 说明愿景

说明愿景有助于经理们就组织的使命和战略达成共识。虽然最高管理层的本意很好，但与"成为强大组织"类似的豪言壮语很难转化成有用的行动指南。对负责斟酌愿景和战略表述用语的人来说，这些术语应当成为一套完整的目标和测评指标，得到所有管理者的认可，并能描述推动成功的长期因素。

2. 沟通

沟通使各级经理能在组织中就战略要求进行上下沟通，并把它与各部门及个人的目标联系起来。以往，部门是根据各自的财务绩效进行测评的，个人激励因素也是与短期财务目标相联系的。平衡计分卡使经理们能够确保组织中的各个层次都能理解长期战略，而且使部门及个人目标保持一致。

3. 业务规划

业务规划使公司能实现业务计划与财务计划的一体化。今天，几乎所有的公司都在实施各种改革方案，每个方案都有自己的领袖、拥护者及顾问，都在争取高级经理的时间、精力和资源支持。经理们发现，很难将这些不同的新举措组织在一起从而实现战略目标。这种状况常常导致对各个方案实施结果的失望。但是，当经理们使用为平衡计分卡所制订的目标作为分配资源和确定优先顺序的依据时，就会只采取那些能推动自己实现长期战略目标的新措施，并注意加以协调。

4. 反馈与学习

反馈与学习赋予公司一项称为战略性学习的能力。现有的反馈和考查程序都注重公司及其各部门、员工是否达到了预期的财务目标。而当管理体系以平衡计分卡为核心时，公司就能从另外三个角度（客户、内部运营以及学习和发展）来监督短期结果，并根据最近的业绩考核战略的执行情况。因此，平衡计分卡使公司能够修改和调整战略以随时反映学习所得。

五、基于平衡计分卡的战略管理步骤

平衡计分卡和战略地图作为战略管理工具，可以贯穿整个战略管理流程。

在战略规划阶段，运用平衡计分卡的基本框架对战略规划进行审视和修改，同时将战略规划重点或主题绘制成战略地图，从而显现战略重点之间的相互支撑关系，并把组织的战略规划转化为一系列的目标和衡量指标，形成不同层面（组织、部门直到员工）的平衡计分卡。这样平衡计分卡为组织的各个层面提供了就战略规划的具体含义和执行方法进行交流的机会与工具。

在战略执行阶段，各业务单元和职能单元在执行行动计划的同时可以对照平衡计分卡检视各自的执行状况，并将平衡计分卡作为交流沟通的工具。

在战略执行监控过程中，战略管理部门和公司决策层可以根据平衡计分卡所表明的关键控制点对信息进行检查分析，及时获知战略执行中可能出现的问题并予以调整。

在战略回顾反馈阶段，组织的决策层和战略管理部门可以以平衡计分卡作为回顾与检讨的框架，衡量战略执行情况与战略规划要求之间的差异，为新的战略规划制订或战略规划调整提供依据。

将平衡计分卡作为战略管理的工具，弥补了战略制订和战略执行之间的差距，可以避免过去组织在实施战略时虽有战略却无法操作，长期的战略和短期的年度运营计划或预算相脱节，战略未同各部门及个人的目标相联系等弊端。

平衡计分卡在战略管理中的应用主要分为五个阶段。

1. 第一阶段——明确组织使命、价值观和愿景，确定组织战略

这个阶段的主要工作如下。

（1）决策层重新审视并明确组织的使命、价值观和愿景

组织的决策层制订战略的出发点就是组织的使命，也就是组织存在的目的，使命是确定组织战略目标乃至愿景的基础，指引着整个组织努力的方向。而价值观，我们有的时候也称之为核心价值观，则是一个组织所有成员所应遵循的行为准则。价值观源于组织存在的目的，指导着每一个成员的思考与行为方式，与组织的使命协调一致的价值观会极大地促进组织成员对战略的理解和认同。愿景则说明了组织未来的目标，描绘了组织未来的样子，愿景往往是一个令人鼓舞的未来目标，激发着组织成员战略执行的动力。

（2）决策层和战略管理部门重新审视外部竞争环境和内部运营环境

在环境分析方面，尤其要关注在上一轮战略制订后外部和内部环境

所发生的重大变化，有时候我们也称之为战略分析。这种审视应从三个方面进行：①外部环境分析，主要是针对组织外部的政治、经济、社会、环境和法规等主要因素，我们常称之为 PEST 分析；②内部环境分析，主要是针对组织内部的关键运营流程、人力资本、信息资本和组织资本的运用状态以及现有战略的执行状况；③SWOT 分析，建立在组织外部和内部分析基础上，通过对比将组织现在面临的机会与威胁等总结出来，这样就将战略制订时必须关注的一系列问题找出来了。

（3）决策层确定组织的战略

战略要说明组织将在什么领域内与对手展开竞争，即我们的市场与客户在哪里，我们在市场竞争中选取什么样的客户价值主张，这种价值主张决定了组织在市场中的价值定位。战略还要说明什么样的内部运营可以实现组织的价值定位，组织在人力资本、信息资本和组织资本上需要具备什么样的能力。

（4）决策层持续保持对员工的宣传、教育与沟通

这种沟通是围绕组织的使命、价值观、愿景，组织面临的威胁与机会、存在的优势与短板以及组织战略等内容展开的，目的就是使组织成员对上述内容达成共识，在每一位组织成员的心中植入战略的种子，在未来的执行阶段生根发芽。

2. 第二阶段——规划组织战略，绘制战略地图

这个阶段的主要工作如下。

（1）用平衡计分卡确定战略重点

组织的决策层在上阶段工作的基础上从平衡计分卡的四个层面来思

考战略，从财务层面或客户层面（这往往与组织的战略要求是相关的，有的组织的战略要求是从财务层面即股东的期望开始的，而有一些组织的战略则是从满足客户的期望发展而来的），到内部运营层面和学习成长层面，结合组织所面临的机会与威胁、自身所拥有的优势与劣势，在每一个层面确定不同的战略重点或主题。这些重点或主题清晰地说明了组织在这一层面所要达成的目标。

（2）构建战略重点之间的逻辑联系

从平衡计分卡角度确定的战略重点或主题不应该是孤立存在的，在各个层面之间，各个重点或主题之间存在着必然的联系，这种联系有时是相互支撑的关系，有时则是协同合作的关系，明确他们之间的关系将为下一步具体行动计划的制订奠定基础，更重要的是，这种关系的明确可以清晰地勾勒出组织实施战略的关键路径。

（3）绘制战略地图

战略地图是以平衡计分卡四个维度的相互关系为内核，把四个维度根据因果关系串起来，告诉企业管理者：什么样的知识、技能和文化系统（学习与成长角度）可以用来构建企业运作系统（内部流程角度），进而给需求者带来特殊的价值（客户角度），实现更高的财务价值（财务角度），从而实现企业的战略目标。建立了四个维度之间的逻辑联系，将重点或主题放入战略地图的标准模板中去，并表明它们之间的联系，组织的战略地图就形成了。战略地图用简单明了的方式表明了组织如何获取战略成功。组织中的每一位成员都可以通过战略地图了解组织未来的工作重点与方向。

3. 第三阶段——确定平衡计分卡，制订行动计划

这个阶段的主要工作如下。

（1）确定战略重点或主题的衡量方法

组织的决策层应按照平衡计分卡的四个维度，建立财务、客户、内部运营、学习与成长四类具体的衡量指标。

（2）将确定的衡量指标填入平衡计分卡模板

此时，要为每一个衡量指标确定目标值，目标值即战略目标达成对该项指标的要求。按照平衡计分卡上各类指标，收集原始数据，即组织现在的表现状况，通过现在状况与未来目标的对比，我们会清晰地看到差距，同时根据差距结合战略重点或主题的关联关系，确定平衡计分卡上每一个指标的权重。

（3）战略性行动计划

针对战略地图上的战略重点和主题，结合平衡计分卡上的指标以及这些指标存在的差距，组织的决策层应召集中高层管理者共同制订关于每一个战略重点或主题的行动计划，我们称之为战略性行动计划。正如我们前面一再提到的，这些战略性行动计划不是各自孤立存在的，应该是互补的行动组合，组织必须保证这一系列行动计划有效实施。

将根据战略重点或主题提取的衡量指标以及其相对应的目标值、权重、行动计划一同放入平衡计分卡标准模板，衡量组织整体战略达成效果的平衡计分卡就形成了。

4. 第四阶段——将战略融入运营

这一阶段的主要工作如下。

（1）将战略性行动计划融入组织的年度运营计划

战略性行动计划如果要得以执行，首先必须将其纳入组织的年度运营计划，将平衡计分卡的目标分解至年度运营目标之内。组织的年度运营目标应该由两部分组成，一部分是常规性的运营要求，另一部分来自组织战略目标即平衡计分卡的要求，二者缺一不可。

（2）配置预算资金

在年度运营计划的基础上，组织的决策层还要为这些战略性行动计划配置预算资金，其中与跨部门、跨单元的行动计划对应的投资预算应该从运营预算中分离出来，由组织的高层管理团队进行单独管理，以避免日常运营事务对战略性行动计划的干扰。

（3）成立战略主题团队

必要的情况下，组织的决策层还应该成立战略主题团队，尤其是对那些跨部门、跨单元的行动计划来说，这样可以进一步明确行动计划的实施责任。

（4）将行动计划分解到组织中的每一个业务单元

在战略性行动计划纳入年度运营计划的基础上，组织的决策层还要将这些行动计划及其对应目标分解到组织中的每一个业务单元、职能部门和员工个人。在业务单元、职能部门以及员工个人的层面形成相对应的计分卡，使每个单元、部门以及个人都有清晰的目标及方向。在此基础上还要组织他们制订更加细化的行动计划，以保证战略性行动计划真正变成员工的日常工作任务。

（5）设计相应的激励机制

在明确组织中每个部门或成员的计分卡、目标以及行动计划之后，组织还要设计相应的激励机制，通过将员工的个人目标、激励方式与组织的战略目标挂钩的方式加强沟通，同时组织还要向员工提供适合的培训和职业生涯发展规划。

5. 第五阶段——过程平衡监控，定期平衡评价

这个阶段的主要工作如下。

（1）战略管理部门实施过程监控

由专门的战略管理部门根据平衡计分卡的指标设定在战略执行过程中收集所需的关键信息，并在过程中进行变化趋势的初步分析，以掌握战略执行是否出现偏差。

（2）定期召开运营分析会议

组织的决策层应定期召开运营分析会议，来分析短期组织绩效达成情况，并处理急需解决的运营问题。运营分析会议的频率应与运营数据产生的频率一致，许多组织会以周会、旬会或月度会议的形式对运营状况进行分析回顾。运营分析会议是针对业务部门或职能部门的，主要目的是将员工的专业知识和经验集中起来解决各部门的日常问题，这些问题往往包括：销售额、订单状况、客户投诉、交货延迟、产品质量、资金短缺等。

（3）重视召开战略分析会议

在定期召开运营分析会议的基础上，组织还应该重视召开战略分析

会议或者战略回顾会议。这类会议的目的是在运营分析的基础上着重讨论战略实施问题。组织的决策层讨论的是战略执行是否按规划进行，战略行动计划特别是那些跨业务跨职能的行动计划是否有效落实，战略实施的效果是否存在问题，从而挖掘战略执行中可能存在的问题并适时地对战略进行必要的调整或修正。

六、平衡计分卡的优缺点

1. 平衡计分卡的主要优点

①战略目标逐层分解并转化为被评价对象的绩效指标和行动方案，使整个组织行动协调一致。

②从财务、客户、内部业务流程、学习与成长四个维度确定绩效指标，使绩效评价更为全面完整。

③将学习与成长作为一个维度，注重员工的发展要求和组织资本、信息资本等无形资产的开发利用，有利于增强企业可持续发展的动力。

2. 平衡计分卡的主要缺点

①专业技术要求高，工作量比较大，操作难度也较大，需要持续沟通和反馈，实施比较复杂，实施成本高。

②各指标权重在不同层级及各层级不同指标之间的分配比较困难，且部分非财务指标的量化工作难以落实。

③系统性强，涉及面广，需要专业人员的指导、企业全员的参与和长期持续完善，对信息系统、管理能力有较高的要求。

第二节　平衡计分卡的实施

一、平衡计分卡实施的原则

1. 宜粗不宜细

实施平衡计分卡是为了改善业绩，不能为了考核而考核，更不能用这样一个工具为员工制造障碍。

2. 不拘形式

要根据公司的运营特点和当年各个季度的实际工作重点，有区别地安排和分解考核指标。绝不是每一个月、每一个季度都要均衡地去抓四个维度的指标，更不是每项指标都是均衡的。平衡计分卡四个维度指标的设置随着战略的变化而变化。

3. 不要在小节上纠缠

在推行过程中不要怕出现问题，要允许平衡计分卡的实施有一个不断改进、完善的过程。

4. 对员工采用 KPI 考核

平衡计分卡是一个针对组织（或企业）的年度目标考核体系，它关注的是一个组织（或企业）的目标实现的状况。而员工的日常考核还是应该按照岗位说明书规定的职责，确立关键绩效指标（KPI），以保障其工作正常运行。KPI考核与平衡计分卡应该是相互补充、相互促进的共同体，因为KPI是维系日常工作运行的，而平衡计分卡是保证企业年度目标达成的。

综上所述，出现问题的不是平衡计分卡本身，而是我们自己的理解、运用和改进等方面的状况。平衡计分卡不能代替企业的整个体系，它只是一个管理工具而已。也许咨询公司会给企业提供一大堆报告和一个好的方案。但是，如果企业在管理上并未得到应有的改进，这才是最昂贵的代价！

二、平衡计分卡的发展——战略地图

战略地图是平衡计分卡的进一步发展，在平衡计分卡的思想上将组织战略在财务、客户、内部运营和学习成长四个层面展开，在不同的层面确定组织战略达成所必备的关键驱动因素，我们往往称之为战略重点或者战略主题。在明确战略重点或主题的同时，建立各个重点或主题之间的必然联系，使之形成相互支撑关系，从而明确战略目标达成的因果关系，将其绘制成简图，我们称之为战略地图。

战略地图的制订通常是在组织内部自上而下进行，即先从组织的战略目标为出发点描绘出达成战略目标的战略路径。决策层首先应该对组织的使命、价值观与愿景进行梳理和完善，并在组织内部进一步明确。使命回答了组织存在的最终目的，价值观规范了组织成员的行为准则和价值取向，而愿景则清晰地表达了组织未来的发展方向。战略地图则可

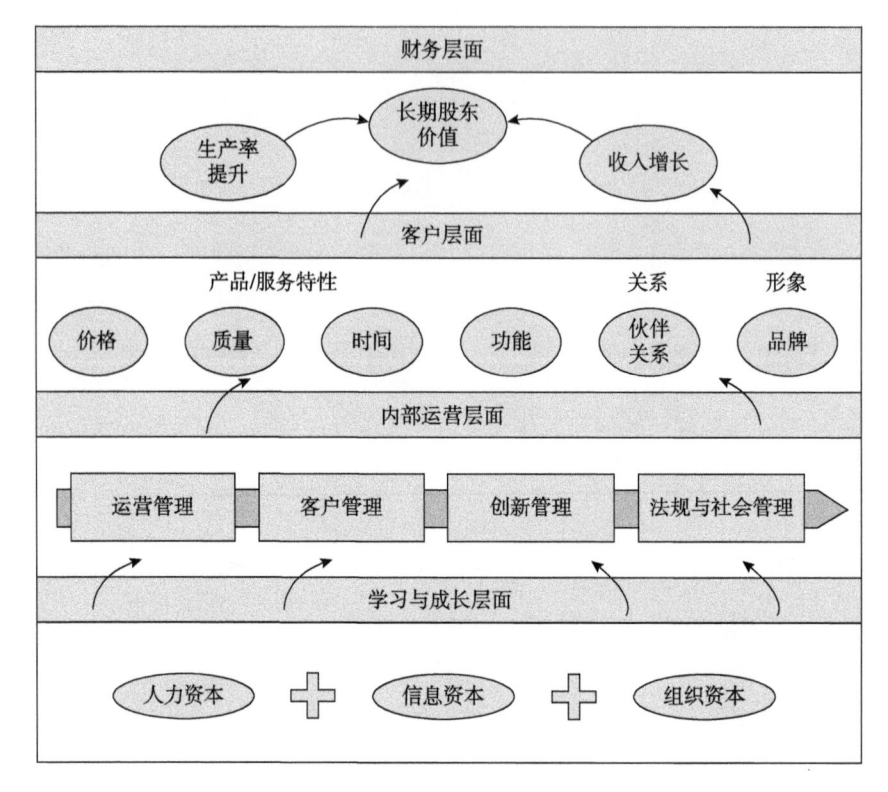

图 5.4 战略地图标准模型

以详细说明达成战略目标的逻辑过程。

1. 财务层面

组织首先应确定旨在增加股东价值、满足股东要求的财务战略，一般来说组织战略都有明确的财务目标要求。要达到财务目标，组织可以选择两种财务战略，即收入增加战略和生产率提升战略。

收入增加战略可以通过新市场的开拓、新产品或新服务的推广和新客户的获取来达成，也可以通过增加已有产品或服务销售来实现。

生产率提升战略可以通过减少日常开支、优化产品或服务的成本结构，降低运营成本和提高固定资产的利用效率实施。

一般情况下，生产率提升战略比收入增长战略见效更快，所以很多组织经常将其作为财务业绩提升的短期手段。

战略地图则更加强调收入增长策略，它要求组织注重用增收策略来改善财务业绩，而不能仅仅依赖于成本节约或是提高资产利用率来保证财务业绩的实现。

组织应该在这两项战略之间平衡发展，这将有助于压缩成本和提高资产利用率。

2. 客户层面

任何经营战略的核心部分都是客户价值主张，价值主张描述一个组织所提供的由产品或服务属性、客户关系、企业形象组成的独特的混合体，即组织通过其产品或服务所能向客户提供的价值。明确的价值主张定位非常重要，一方面可以帮助组织明确如何在客户关系方面与竞争对手相区别，另一方面还能帮助组织将支持业绩达成的内部流程与客户需求紧密联系在一起。

一般情况下，价值主张定位有四种类型。

①总成本最低，即向客户提供一致、及时和低成本的产品或服务，一般表现为产品或服务有价格优势，质量表现稳定，便于客户及时快速地采购，有一定的可选择性等。在这一类客户价值主张方面，表现出色的公司有沃尔玛、西南航空、戴尔、麦当劳和丰田等。

②产品领先，即向客户提供令其高度满意的产品或服务，一般表现

为性能优异或先进的产品或服务，产品或服务属于市场中的首创，在细分市场中提供具有独特价值的产品或服务等。在这一类客户价值主张方面，表现出色的公司有苹果、INTEL、奔驰汽车、索尼等。

③全面解决方案，即向客户提供最优的全面解决方案，一般表现为向客户提供最优质量和性能的产品或服务，根据客户特点定制生产产品或服务，产品或服务的性能具有很高的可选择性，可以在客户的生命周期提供不同阶段的产品和服务。在这一类客户价值主张方面，表现出色的公司有IBM、美孚石油、高盛集团等。

④系统锁定，即向中断客户提供产品或服务的同时，增强自身不可替代性，提高产品和服务转换成本。在这一类客户价值主张方面，表现出色的公司有微软、思科、VISA等。

对于上述四种价值主张，一般情况下组织必须努力在其中一个方面表现得出类拔萃，在其他几个方面保持一定的水准。清晰定义客户的价值主张是战略管理中非常重要的一环。

3. 内部运营层面

一旦组织明确了财务与客户层面的战略重点或主题，它就必须界定采用什么样的方法来实现自身独特的客户价值主张，提高组织生产率，增加产品或服务的收入，从而最终达成战略目标。内部运营层面指明了关键的组织活动，这些活动可以分为四大类流程。

（1）运营管理流程

运营管理流程即通过加强运营或供应链管理，改善内部运营的成本状况、产品或服务的质量水平和响应速度，提高组织的资产利用效率，优化产能等方式，来实现卓越运营。

运营管理流程主要包括四个方面：开发并保持供应商关系、生产产品和服务、向客户分销和提供产品或服务、管理运营风险。

（2）客户管理流程

客户管理流程即通过加深对客户的了解，获取新的客户价值或通过深化合作关系来增加现有客户价值。

客户管理流程主要包括四个方面：选择客户（客户细分，确认价值主张，创造对客户有吸引力的产品或服务）；获取客户（向客户传递产品或服务信息，增强客户的合作信心并与客户建立合作关系）；保留客户（纠正产品或服务中的问题，持续不断地提升客户满意度）；培育客户关系（在与客户合作的基础上，引导客户的购买行为，增加客户的价值贡献）。

（3）创新管理流程

创新管理流程即组织通过提供创新性的产品或服务，挖掘新的市场和客户群体，来促进业务的增长。

创新管理流程主要包括四个方面：识别新产品或服务机会、管理研发组合、设计和开发新产品或服务、新产品或服务的推出或上市。

（4）法规与社会管理流程

法规与社会管理流程即组织通过与外部利益相关者建立有效的关系而成为良好的社会公民。

法规与社会管理流程主要包括四个方面：环境管理与保障、安全与职业健康管理、员工雇佣管理、社区关系维护。

4. 学习与成长层面

学习与成长层面是组织战略实现的最为重要的一部分，是战略地图上面三个层面的基础。学习成长层面包括支持战略实现的人力资本（支持战略实施的员工技能、才干和知识的可用性），信息资本（支持战略实施的信息系统和基础设施的可用性）和组织资本（支持战略实施的持续变革的组织氛围）三方面关键内容，这三种资本我们统称为企业的无形资产。它们说明了支持组织战略达成所需的核心技能、技术以及公司文化等关键因素。

战略地图描述了一个组织战略的逻辑性，清晰地显示了创造价值的关键内部流程和支持关键流程的无形资产是如何与财务层面以及客户层面的战略重点与目标有机结合在一起的。平衡计分卡则将战略地图上的战略重点或主题转化为具体的目标以及对应的衡量指标和方式，从而真正实现战略落地，有效地指导组织战略的执行。

第三节　相关工具方法及指标计算说明

1. 工具方法说明

（1）指标权重确定方法

1）德尔菲法（也称专家调查法）

德尔菲法是指邀请专家对各项指标进行权重设置，将汇总后的结果反馈给专家,再次征询意见,多次重复这个流程,逐步取得比较一致结果的方法。

2)层次分析法

层次分析法是指将绩效指标分解成多个层次,通过下层元素对于上层元素相对重要性的两两比较,构成两两比较的判断矩阵,求出判断矩阵最大特征值所对应的特征向量作为指标权重值的方法。

3)主成分分析法

主成分分析法是指将多个变量重新组合成一组新的相互无关的综合变量,根据实际需要从中挑选出尽可能多地反映原来变量信息的少数综合变量,进一步求出各变量的方差贡献率,以确定指标权重的方法。

4)均方差法

均方差法是指将各项指标定为随机变量,指标在不同方案下的数值为该随机变量的取值,首先求出这些随机变量(各指标)的均方差,然后根据不同随机变量的离散程度确定指标权重的方法。

(2)绩效评价计分方法

1)功效系数法

功效系数法,是指根据多目标规划原理,将所要评价的各项指标分别对照各自的标准,并根据各项指标的权重,通过功效函数转化为可以度量的评价分数,再对各项指标的单项评价分数进行加总,得出综合评价分数的一种方法。该方法的优点是从不同侧面对评价对象进行计算评分,满足了企业多目标、多层次、多因素的绩效评价要求,缺点是标准值确定难度较大,比较复杂。功效系数法的计算公式为:

绩效指标总得分 = ∑ 单项指标得分

单项指标得分 = 本档基础分 + 调整分

本档基础分 = 指标权重 × 本档标准系数

调整分 = 功效系数 × (上档基础分 − 本档基础分)

上档基础分 = 指标权重 × 上档标准系数

$$功效系数 = \frac{实际值 - 本档标准值}{上档标准值 - 本档标准值}$$

对评价标准值的选用，应结合评价的目的、范围、企业所处行业、企业规模等具体情况，参考国家相关部门或研究机构发布的标准值确定。

2）综合指数法

综合指数法，是指根据指数分析的基本原理，计算各项绩效指标的单项评价指数和加权评价指数，据以进行综合评价的方法。该方法的优点是操作简单、容易理解，缺点是标准值存在异常时影响结果的准确性。综合指数法的计算公式为：

绩效指标总得分 = ∑（单项指标评价指数 × 该项评价指标的权重）

3）素质法

素质法，是指评估员工个人或团队在多大程度上具有组织所要求的某种基本素质、关键技能和主要特质的方法。

4）行为法

行为法，是指专注于描述与绩效有关的行为状态，考核员工在多大程度上采取了管理者所期望或工作角色所要求的组织行为的方法。

(3) β值确定方法

1）最小二乘法

最小二乘法，是指通过最小化误差的平方和，找到一组数据的最佳函数匹配的方法。

2）回归分析法

回归分析法，是指在掌握大量观察数据的基础上，利用数理统计方法建立因变量与自变量之间的回归关系函数表达式的方法。

3）类比法

类比法（也称比较类推法），是指由一类事物所具有的某种属性，推测与其类似的事物应具有这种属性的方法。

（4）收集信息方法

1）观察法

观察法，是指直接观察员工在工作中的表现并予以记录的方法。

2）工作记录法

工作记录法，是指通过日常工作记录或财务管理、生产经营等业务系统进行数据收集的方法。

3）他人反馈法

他人反馈法，是指收集其他人员对被评价对象的评价信息的方法。

2. 评价指标计算说明

（1）财务维度指标

1）投资资本回报率

投资资本回报率，是指企业一定会计期间取得的息前税后利润占其所使用的全部投资资本的比例，反映企业在会计期间有效利用投资资本创造回报的能力，一般计算公式如下：

$$投资资本回报率 = \frac{税前利润 \times (1 - 所得税税率) + 利息支出}{投资资本平均余额} \times 100\%$$

$$投资资本平均余额 = \frac{期初投资资本 + 期末投资资本}{2}$$

$$投资资本 = 有息债务 + 所有者（股东）权益$$

2）净资产收益率

净资产收益率（也称权益净利率），是指企业一定会计期间取得的净利润占其所使用的净资产平均数的比例，反映企业全部资产的获利能力，一般计算公式如下：

$$净资产收益率 = \frac{净利润}{平均净资产} \times 100\%$$

3）经济增加值回报率

经济增加值回报率，是指企业一定会计期间经济增加值与平均资本占用的比值，一般计算公式如下：

$$经济增加值回报率 = \frac{经济增加值}{平均资本占用} \times 100\%$$

4）息税前利润

息税前利润，是指企业当年实现税前利润与利息支出的合计数，一般计算公式如下：

$$息税前利润 = 税前利润 + 利息支出$$

5）自由现金流

自由现金流，是指企业一定会计期间经营活动产生的净现金流超过付现资本性支出的金额，反映企业可动用的现金，一般计算公式如下：

$$自由现金流 = 经营活动净现金流 - 付现资本性支出$$

6）资产负债率

资产负债率，是指企业负债总额与资产总额的比值，反映企业整体财务风险程度，一般计算公式如下：

$$资产负债率 = \frac{负债总额}{资产总额} \times 100\%$$

7）总资产周转率

总资产周转率，是指营业收入与总资产平均余额的比值，反映总资产在一定会计期间周转的次数，一般计算公式如下：

$$总资产周转率 = \frac{营业收入}{总资产平均余额} \times 100\%$$

8）资本周转率

资本周转率，是指企业在一定会计期间营业收入与平均资本占用的比值，一般计算公式如下：

$$资本周转率 = \frac{营业收入}{平均资本占用} \times 100\%$$

(2) 客户维度指标

1）客户满意度

客户满意度，是指客户期望值与客户体验的匹配程度，即客户对产品或服务的实际感知与其期望值相比较得出的指数。客户满意度收集渠道主要包括问卷调查、客户投诉、与客户的直接沟通、消费者组织的报告、各种媒体的报告和行业研究的结果等。

2）市场份额

市场份额，是指一家企业的销售量（或销售额）在市场同类产品中所占的比重。

3）客户获得率

客户获得率，是指企业在争取新客户时获得成功部分的比例。

该指标可用客户数量增长率或客户交易额增长率来描述，一般计算公式如下：

$$客户数量增长率 = \frac{本期客户数量 - 上期客户数量}{上期客户数量} \times 100\%$$

$$客户交易额增长率 = \frac{本期客户交易额 - 上期客户交易额}{上期客户交易额} \times 100\%$$

4）客户保持率

客户保持率，是指企业保持与老客户交易关系的比例。该指标可用老客户交易增长率来描述，一般计算公式如下：

$$老客户交易增长率 = \frac{老客户本期交易额 - 老客户上期交易额}{老客户上期交易额} \times 100\%$$

5）客户获利率

客户获利率，是指企业由单一客户得到的净利润与付出的总成本的比率，一般计算公式如下：

$$单一客户获利率 = \frac{单一客户净利润}{单一客户总成本} \times 100\%$$

6）战略客户数量

战略客户数量，是指对企业战略目标实现有重要作用的客户的数量。

(3) 内部业务流程维度指标

1）交货及时率

交货及时率，是指企业在一定会计期间及时交货的订单数占总订单数的比例，一般计算公式如下：

$$交货及时率 = \frac{及时交货的订单数}{总订单数} \times 100\%$$

2）生产负荷率

生产负荷率，是指投产项目在一定会计期间的产品产量与设计生产能力的比例，一般计算公式如下：

$$生产负荷率 = \frac{实际产量}{设计生产能力} \times 100\%$$

3）产品合格率

产品合格率，是指合格产品数量占总产品数量的比例，一般计算公式为：

$$产品合格率 = \frac{合格产品数量}{总产品数量} \times 100\%$$

4）存货周转率

存货周转率，是指企业营业收入与存货平均余额的比值，反映存货在一定会计期间周转的次数，一般计算公式如下：

$$存货周转率 = \frac{营业收入}{存货平均余额} \times 100\%$$

(4) 学习与成长维度指标

1）员工满意度

员工满意度，是指员工对企业的实际感知与其期望值相比较后得出的指数，主要通过问卷调查、访谈调查等方式，从工作环境、工作关系、工作内容、薪酬福利、职业发展等方面进行衡量。

2）员工流失率

员工流失率，是指企业一定会计期间离职员工占员工平均人数的比例，一般计算公式如下：

$$员工流失率 = \frac{本期离职员工人数}{员工平均人数} \times 100\%$$

$$员工保持率 = 1 - 员工流失率$$

3）员工生产率

员工生产率，是指员工在一定会计期间创造的劳动成果与相应员工数量的比值。该指标可用人均产品生产数量或人均营业收入进行衡量，一般计算公式如下：

$$人均产品生产数量 = \frac{本期产品生产总量}{生产人数}$$

$$人均营业收入 = \frac{本期营业收入}{员工人数}$$

4）培训计划完成率

培训计划完成率，是指培训计划实际执行的总时数占培训计划总时数的比例，一般计算公式如下：

$$培训计划完成率 = \frac{培训计划实际执行的总时数}{培训计划总时数} \times 100\%$$

第六章

绩效评价与激励管理报告

第一节 绩效评价与激励管理报告的认知

一、对绩效评价的认知

绩效评价是组织依照预定的标准和一定的评价程序，运用科学的评价方法，按照评价的内容和标准对评价对象的工作能力、工作业绩进行定期和不定期的考核和评价。绩效评价的过程就是将员工的工作绩效同要求其达到的工作绩效标准进行比对的过程。绩效评估的作用是为决策提供重要的参考依据，为组织发展提供重要支持，为员工提供一面有益的"镜子"，为确定员工的工作报酬提供依据，为员工潜能的评价以及相关人事调整提供依据。企业不能单单以营业利润作为评价部门业绩的指标。

绩效评价报告是绩效评价后由绩效评价工作组撰写的总结性文件。

二、绩效评价与激励管理报告的内容

绩效评价报告通常包括如下内容。

1. 项目基本概况

（1）项目背景

项目单位的基本情况，项目的主要内容、历史情况，立项的目的和意义，预算部门确定立项的相关文件依据等。

（2）项目实施情况

项目实际开展情况、项目规模、项目范围、项目所在区域、资金投向等。

（3）资金来源和使用情况

项目资金拨付的主体、资金拨付流程、资金使用流程等财政资金来源与管理情况，各具体分项资金的预算及实际使用和支出情况等。对经常性项目，还包括历史年度资金的使用情况。

（4）绩效目标及实现程度

绩效目标，项目执行过程中目标、计划的调整情况，绩效总目标和阶段性目标的完成情况，项目的实际支出情况及财务管理状况等。

2. 绩效评价的组织实施情况

实施情况具体应包括如下内容。

①绩效评价的目的

②绩效评价的实施过程

③绩效评价的人员构成

④数据收集方法

⑤绩效评价的局限性

3. 绩效评价指标体系、评价标准和评价方法

①绩效评价指标体系的设定原则及具体内容

②绩效评价的具体标准及评价的具体方法

4. 绩效分析及绩效评价结论

（1）项目决策

项目决策是否符合经济社会发展规划，项目申报和批复程序是否符合相关管理办法，是否根据需要制订相关资金管理办法，资金分配结果是否合理等。

（2）项目管理

资金是否及时到位，资金使用是否合规，资金管理、费用支出等制度是否健全，组织机构是否健全，分工是否明确，项目管理制度是否健全并得到有效执行等。

（3）项目绩效

项目产出数量、质量、时效是否达到绩效目标，项目产出成本是否按绩效目标控制，项目实施是否产生直接或间接的经济效益、社会效益、环境效益及项目服务对象满意度等。

在对绩效评价指标进行分析和评价时，要充分利用评价工作中所收集的数据，做到定量分析和定性分析相结合。

绩效评价指标评分应当依据充分、数据使用合理，确保绩效评价结果的公正性、客观性。

5. 主要经验及做法

绩效评价报告要通过分析各指标的评价结果及项目的整体评价结论，总结项目在立项、决策、实施、管理等方面的经验，为类似项目在以后年度开展积累经验。

6. 存在的问题及原因分析

绩效评价报告要通过分析各指标的评价结果及项目的整体评价结论，总结项目在立项、决策、实施、管理等方面存在的不足及原因，为相关建议的提出奠定基础。

7. 相关建议

绩效评价报告须针对项目存在的不足提出改进措施和建议。建议或对策应当具有较强的可行性、前瞻性及科学性，有利于促进预算部门及项目实施单位提高绩效管理水平。

8. 相关附件

项目资金情况分析，包括项目资金到位情况分析、项目资金使用情况分析和项目资金管理情况分析。项目实施情况分析，包括项目组织情况分析和项目管理情况分析。项目绩效情况分析，包括项目经济性分析，即项目成本控制情况和项目成本节约情况分析；项目的效率性分析，即项目的实施进度和项目完成质量分析；项目的效益性分析，即项目预期目标完成程度和项目实施对经济和社会的影响分析。

三、绩效评价与激励管理报告的运用

1. 结合企业实际，建立绩效标准

建立绩效标准在整个评估过程中是非常重要的一环。工作职责明确

了该做的事情，绩效标准说明必须达到的目标。设定绩效标准的目的：一是引导员工的行为达到既定的工作标准；二是确定公平考核员工的基准。

有效的绩效标准根据工作而来，因此每个员工的岗位说明书的内容就是绩效考核的要项，而考核的标准应是可以达成的、易于了解的、明确且能衡量的。在以岗位的工作职责为基础来确定考核的标准时，应注意遵循以下的三个原则。

（1）与企业文化和管理理念相一致

考核标准实际上就是对员工工作行为、态度、业绩等方面的要求，它是员工行为的导向。考核标准包括的内容是企业组织文化和管理理念的具体化和形象化，考核标准体现出企业在鼓励什么、反对什么。

（2）考核标准所涉及的内容要有侧重

考核标准不可能涵盖员工岗位上所有的工作，为了提高考核的效率，降低考核的成本，并且让员工清楚工作的关键点，应选择岗位工作的主要内容进行考核，不要面面俱到，当然，在实际制订考核标准的过程中，要做到面面俱到也是不现实的，是不可能达到的，也是没有必要的。另外，企业的性质不同决定不同企业的员工的岗位也千差万别，有些岗位很难有全面、具体的标准。同时，部属或员工应参与制订他们自己的绩效考核标准，只有这样，标准才能订得恰当；部属或员工也能受到鼓舞而努力去达到甚至去超越标准。

（3）不考核与工作无关的内容

绩效考核是对员工的工作考核，对不影响工作的任何事情都不要涉及。在实际工作中，可能一提起建立绩效标准，首先想到的就是可以计量的财务指标，比如经理层的业绩评价指标可以选择销售毛利率、销售增长率、经营现金流量增长率、资产周转率，财务经理的评价指标可以选择现金充足率、现金周转率、应收账款周转率、利息保障倍数。但是，在设计公司全面绩效评估体系时，以下几方面的因素所反映的非财务指标不能忽视。

第一，经营战略。财务指标倾向于关注公司经营的短期效果，只能反映公司的过去。非财务指标强调为获得长期成功而应当采取的必要行动。那么，公司如何根据自身经营策略选择非财务指标？

当公司战略需要将新产品加速市场化时，新产品市场份额指标应在年度激励计划中占据较大的比重；实施创新导向战略的公司应强调那些对新产品有重要影响的关键因素；采取"质量为本"竞争战略的公司同样也在年度激励计划中使用非财务指标，如质量改进目标。实施质量导向战略的服务性公司，需要在绩效评价时考虑给非财务指标更高的权重，因为如果经理人员认为财务指标只重视产出，而不重视投入，这就有可能会影响到服务质量。

第二，关联财务绩效与股东价值。财务指标能准确地反映公司经营结果，是财务绩效和股东价值创造的标志。事实上，将财务指标和非财务指标相结合才能更好地反映公司股东长期价值的增长情况。在非财务指标与财务指标之间建立数量联系，可以为评价经理业绩提供科学依据。

财务指标和非财务指标之间存在着内在的关联。例如，营运资本水平和产品销售成本水平是资本报酬率的关键驱动器。用资本报酬率（ROC）作为主要财务评价指标的公司可能需要同时关注经营性指标

（生命周期、总产量等），因为这些指标对营运资本水平和产品销售成本产生巨大影响。

第三，行业特性。对公用实业类等受政府管制较多的公司，非财务指标比财务指标往往能更精确地反映企业的实际状况。在管理实践中，此类公司可使用诸如顾客满意度、安全性、雇员满意度和保持度、服务可靠性等指标来弥补财务指标的缺陷。行业周期性很强的公司经常会面临产品市场价格大幅度波动，会计利润不可避免地受到重大影响，也可选择运用一些非财务指标来消除传统财务指标和会计计量方法可能引发的绩效评价偏差。非财务指标是面向长期的，不大可能像财务指标那样受到非控制变量（如产品市场价格）的重大影响。

第四，奖励方式。在绩效评估时应充分考虑给予员工非财务性支持，例如，建立良好的办公环境、注意人际关系的融洽、给予职务升迁或培训的机会等，这对员工达到绩效考核标准起到至关重要的作用。

员工工作主要的目的不再是获取报酬，他们追求的不仅仅局限于物质，精神方面的满足他们看得越来越重要。非财务性因素之所以应成为员工绩效评估设计的一部分，是因为由于知识的更新、理念的转换，员工的需求逐渐多元化，他们除了解决温饱问题以外有更多更高层次的追求，而精神方面的需求就应通过非财务性因素的绩效评估设计来解决。

当然，尽管非财务指标在建立绩效标准时很重要，但它并不能取代财务指标，它应当被视为对财务指标的有益补充。对于非财务指标主观性强的缺点，公司可以采取一定的措施，考虑加强这些非财务指标的可执行性，例如将财务指标与非财务指标的联系定量化，避免奖励降低企业价值的行为。

从数量上来讲，一件工作的绩效考核标准可以有多个。多项标准有助于领导层了解部属的长处及应该加以辅导的地方。但标准并不是越多越好，在建立绩效标准时也应考虑成本效益原则，不能为了制订较细的绩效标准而付出较大的成本，使付出的成本大于所带来的收益，那样就得不偿失了，也不符合企业的经营原则。管理层及部属在决定标准的数量时应把握恰当与实际两个原则。

建立的绩效标准并不能长时间不变，应随着企业的发展进行调整。企业也有生命周期，在发展的不同阶段呈现出不同的特点，其财务目标也可能存在较大的差异，所以其建立的绩效标准也要进行必要的改变。

2. 将实际业绩同已建立的绩效标准相对比

大多数的绩效评估在年底时进行。在进行绩效评估时，将实际业绩同已建立的绩效标准进行对比，分项给出结论，对未达到绩效考核标准的方面进行分析，如果确实存在不足之处，应加以确认。当然，对于未达到绩效考核标准的方面，不能全盘否定员工、部门、事业部或领导层的付出。绩效评估小组应当具体分析是什么原因造成相关人员不能达到绩效考核标准。如果确实是员工、部门、事业部或领导层的自身原因造成的，就应当按照先前建立的绩效考核标准给予处罚。本书作者认为，在实际评估过程中，对不能达到绩效标准的方面进行分析时，下面两因素应得到适当的关注。

（1）市场环境

市场环境对企业的经营效益会产生很大的影响，在年底进行绩效评估时就应当给予适当的考虑，进行相应的调整，不能呆板地、严格地按照先前制订的绩效标准进行考核。

(2) 不可预见的突发事件

不可预见的突发事件可能会对企业造成较大的影响，像战争、地震、火灾等。针对这种突发的、不确定的、影响严重的事件，在实施绩效评估时应当充分地考虑其影响，对绩效评估标准做出适当的调整，千万不能不分青红皂白，不考虑实际情况，严格按既定的绩效标准进行考核，其结果可能影响员工的积极性，起到负面作用。

(3) 制订方案计划，克服已确认的不足之处

将实际业绩同已建立的绩效标准相对比，对存在的不足之处加以确认，分析原因，制订方案。克服已确认的不足是绩效评估的目的。正如前面所述，绩效评估的最终目的不是对没有达到绩效评估标准的员工进行处罚。同时，绩效评估是一个总结提高的过程，总结过去，分析问题，提出对策，使企业的绩效管理得到提高和发展。

针对绩效评估结果存在的不足制订方案、克服不足的过程中，主管与部属应当进行必要的沟通，这在绩效评估过程中起着非常重要的作用。特别是当主管与部属对绩效评估结果意见不一致时，就更应进行必要的沟通，主管要听取员工的意见，并适时地提出具体的评分依据，让部属明白绩效评估的客观性。更重要的是，企业希望在绩效评估后能通过沟通使员工了解自己在过去一年中工作上的得与失，作为改进的依据。主管要为部属提供一个良好沟通的机会，了解部属工作的实际情形或困难，并确定公司可以给予部属的协助。同时，对于员工的不足，主管可以提出他们的观点，与员工沟通，使员工能在短时间内进行改正。在沟通时，不能仅仅因为沟通是绩效评估的一部分而做表面工作，为了

企业的发展，要真诚、及时、有针对性地沟通。

绩效评价应当采取评分与评级相结合的形式，具体分值和等级可根据不同评价内容设置。

财务部门和预算部门应当及时整理、分析、反馈绩效评价结果，并将其作为改进预算管理和编制以后年度部门预算的重要依据。

绩效评价结果较好的，企业在预算安排时继续予以支持或给予相应的激励，并对相关部门进行表彰。达不到绩效目标或评价结果较差的，公司可予以通报批评，并责令其限期整改。不进行整改或整改不到位的，应当根据情况调整项目或相应调减项目预算，直至取消该项财政支出。

第二节 业绩评价指标

一、业绩评价概述

业绩评价分为财务业绩评价与非财务业绩评价。

1. 财务业绩评价

财务业绩评价是指根据财务信息，使用财务指标来评价管理者业绩。常见的财务评价指标包括净利润、资产报酬率、经济增加值等。

财务业绩评价可以反映企业综合成果，容易从会计系统中获得相应的数据，操作简便，易于理解，被广泛使用。

但财务业绩评价也有一定的局限性，主要体现在：①无法反映管理者在企业的长期业绩改善方面所做的努力；②财务业绩评价是一种结果导向，只注重最终的财务结果，对达成该结果的过程缺乏考虑；③无法公允地反映管理层的真正业绩，因为会计数据的产生会受到稳健性原则的影响。

2. 非财务业绩评价

非财务业绩评价根据非财务信息指标来评价管理者业绩。常见指标包括市场份额、关键客户订单量、顾客满意度、及时送货率、员工满意度等。

非财务业绩评价的优点是：①可以避免财务业绩评价只关注过去的不足；②非财务业绩评价更体现长远业绩，更体现外部对企业的整体评价。非财务业绩评价的缺点是：一些关键的非财务业绩指标往往比较主观，数据的收集比较困难，数据的可靠性难以保证。

二、具体指标

（一）偿债能力指标

偿债能力指标根据时间长短可分为短期偿债能力指标和长期偿债能力指标。

1. 短期偿债能力指标

短期偿债能力指标主要通过企业流动资产和流动负债的对比得出。它是衡量企业当前财务能力，特别是流动资产变现能力的重要标志。

企业短期偿债能力分析衡量指标主要有营运资金、流动比率和速动比率。

(1) 营运资金

营运资金是指流动资产减去流动负债（短期负债等）后的余额。其计算公式为：

$$营运资金 = 流动资产 - 流动负债$$

营运资金的多少可以反映偿还短期债务的能力，该指标越高，表示企业可用于偿还流动负债的资金越充足，企业短期偿债能力越强，短期流动性风险越小。但是，净营运资金是流动资产与流动负债之差，是个绝对数，如果公司之间规模相差很大，绝对数相比的意义是很有限的。而流动比率是流动资产和流动负债的比值，是个相对数，排除了公司规模不同的影响，更适合公司间以及本公司不同历史时期的比较。

(2) 流动比率

流动比率是流动资产与流动负债的比率，表示企业每1元流动负债有多少流动资产作为偿还的保证，反映了企业的流动资产偿还流动负债的能力。其计算公式为：

$$流动比率 = \frac{流动资产}{流动负债}$$

一般情况下，流动比率越高，反映企业短期偿债能力越强。因为该比率高，不仅反映企业拥有较多的营运资金抵偿短期债务，而且表明企业可以变现的资产数额较大，债权人的风险小。但是，过高的流动比率并不是好现象。从理论上讲，流动比率维持在2∶1是比较合理的。但是，由于行业性质不同，不同行业流动比率的实际标准也不同。所以，企业在分析流动比率时，应与同行业平均流动比率、本企业历史的流动比率进行比较，才能得出合理的结论。

(3) 速动比率

速动比率，是企业速动资产与流动负债的比率。其计算公式为：

$$速动比率 = \frac{速动资产}{流动负债}$$

速动比率越高，企业短期偿债能力越强。但速动比率不是越高越好，速动比率过高，企业在速动资产上占用资金过多，会增加投资的机会成本，影响企业的获利能力。传统经验认为，速动比率维持在1∶1较为正常，它表明企业的每1元流动负债就有1元易于变现的流动资产来抵偿，短期偿债能力有可靠的保证。

流动资产项目内容如图6.1所示。

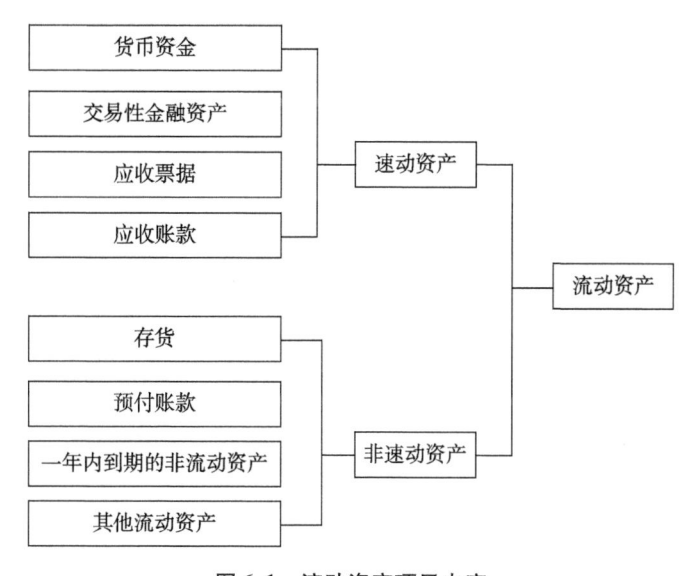

图6.1 流动资产项目内容

例如，A、B 两家公司相关信息如表 6.1 所示。

表 6.1　公司相关信息表　　　　　　单位：万元

项目	A 公司	B 公司
速动资产	400	500
流动资产	800	2550
流动负债	250	2000

则：

A 公司营运资金 = 800 − 250 = 550（万元）

A 公司流动比率 = 800 ÷ 250 = 3.2

A 公司速动比率 = 400 ÷ 250 = 1.6

B 公司营运资金 = 2550 − 2000 = 550（万元）

B 公司流动比率 = 2550 ÷ 2000 = 1.275

B 公司速动比率 = 500 ÷ 2000 = 0.25

A 公司和 B 公司营运资金相同，但是 A 公司流动比率大于 B 公司流动比率，故 A 公司的短期偿债能力比 B 公司好。

2. 长期偿债能力指标

企业长期偿债能力指标是指企业偿还长期债务的能力。衡量企业长期偿债能力主要就看企业资金结构是否合理、稳定，以及企业长期盈利能力的高低。分析长期偿债能力的常用指标有：资产负债率、产权比率、权益乘数等。

（1）资产负债率

资产负债率通过负债与资产的对比，反映企业的总资产中有多少是通过举债获得的，其计算公式如下：

$$资产负债率 = \frac{负债总额}{资产总额} \times 100\%$$

一般情况下，资产负债率越小，表明企业长期偿债能力越强。如果这一比率超过100%，则表明企业已资不抵债。一般认为，该指标在40%~60%是最为合适的。

（2）产权比率（所有者权益负债率）

产权比率是指负债总额同所有者权益的比率，其计算公式如下：

$$产权比率 = \frac{负债总额}{所有者权益} \times 100\%$$

产权比率不仅反映了由债务人提供的资本与所有者提供的资本的相对关系，而且反映了企业以自有资金偿还全部债务的能力，因此，它又是衡量企业负债经营是否安全的重要指标。产权比率高，是高风险、高报酬的财务结构；产权比率低，是低风险、低报酬的财务结构。这一比率越低，表明企业长期偿债能力越强，债权人权益保障程度越高，承担的风险越小，一般认为这一比率为1:1，即100%以下时，企业是有偿债能力的，但还应该结合企业的具体情况加以分析。从股东来看，在通货膨胀加剧时期，企业多借债可以把损失和风险转嫁给债权人；在经济繁荣时期，企业多借债可以获得额外的利润；在经济萎缩时期，企业少借债可以减少利息负担和财务风险。

（3）权益乘数

权益乘数又称股本乘数，是指资产总额相当于股东权益的倍数，它反映了企业财务杠杆的大小，其计算公式如下：

$$权益乘数 = \frac{资产总额}{所有者权益}$$

权益乘数越大，表明股东投入的资本占全部资产的比重越小，财务杠杆越大，企业负债的程度越高；反之，该比率越小，表明股东投入的资本占全部资产的比重越大，财务杠杆越小，企业的负债程度越低，债权人权益受保护的程度越高。

例如，A 公司 2021 年资产总额为 2000 万元，其中负债总额为 750 万元，则：

A 公司资产负债率 = 750÷2000×100% = 37.5%

A 公司产权比率 = 750÷(2000 - 750)×100% = 60%

A 公司权益乘数 = 2000÷(2000 - 750) = 1.6

（二）营运能力指标

企业的营运能力用周转期或周转率来衡量，周转期即每种资产或负债从发生到收回或支付的天数，周转率即每种资产或负债在一年内从发生到收回循环往复的次数，也称周转次数。

本书讲解流动资产营运能力指标和总资产营运能力指标。

1. 流动资产营运能力指标

反映流动资产营运能力的指标主要有应收账款周转率、存货周转率和流动资产周转率。

（1）应收账款周转率

应收账款周转率是反映应收账款周转情况的比率，有应收账款周转率（次数）和应收账款周转天数两种形式。

1）应收账款周转率（次数）

应收账款周转率（次数）是一定时期内商品或产品营业收入与应收账款平均余额的比值，表明一定时期内应收账款平均收回的次数，其计算公式为：

$$应收账款周转率 = \frac{营业收入}{应收账款平均余额}$$

其中：

$$应收账款平均余额 = \frac{期初应收账款 + 期末应收账款}{2}$$

这里的营业收入通常指营业收入净额（下同）。

应收账款周转率是一个正指标，周转率越高，说明应收账款的变现能力越强，企业应收账款的管理水平越高，资产流动越快，效率越高；周转率越低，说明应收账款的变现能力越弱，企业应收账款的管理水平越低，效率越低。

2）应收账款周转天数

应收账款周转天数是指应收账款周转一次（从销售开始到收回现金）所需要的时间，其计算公式为：

$$应收账款周转天数 = \frac{计算期天数}{应收账款周转率}$$

$$= 计算期天数 \times \frac{应收账款平均余额}{营业收入}$$

一般来说，计算期天数按照360天计算（下同）。

应收账款周转率与周转天数呈相反关系。应收账款周转率越高，周转次数越多，则周转天数越少；反之，周转率越低，周转次数越少，则周转天数越多。

周转天数越少,说明应收账款变现的速度越快,资金被外单位占用的时间越短,管理工作的效率越高。

(2) 存货周转率

存货周转率是反映企业营运能力的指标,可用来评价企业的存货管理水平,还可用来衡量企业存货的变现能力。

存货周转率的分析可以通过存货周转率(次数)和存货周转天数反映。

1) 存货周转率(次数)

存货周转率(次数)是指一定时期内企业营业成本与存货平均余额的比率,是衡量和评价企业购入存货、投入生产、销售收回等各环节管理效率的综合性指标,其计算公式为:

$$存货周转率(次数) = \frac{营业成本}{存货平均余额}$$

其中:

$$存货平均余额 = \frac{期初存货 + 期末存货}{2}$$

一般来讲,存货周转率越高,存货周转速度越快,存货占用水平越低,流动性越强,存货转化为现金或应收账款的速度就越快,效率越高。

2) 存货周转天数

存货周转天数是指存货周转一次(从存货取得到存货销售)所需要的时间,其计算公式为:

$$存货周转天数 = \frac{计算期天数}{存货周转率}$$

$$= 计算期天数 \times \frac{存货平均余额}{营业成本}$$

存货周转率与周转天数呈相反关系。存货周转率越高,周转次数越多,则周转天数越少;反之,周转率越低,周转次数越少,则周转天数越多。

存货周转天数越少,表明存货周转次数越多,平均存货越少,存货转化为现金或应收账款的速度就越快。但是,存货过少就不能满足流转需要,所以存货周转天数不是越少越好。存货周转天数也不是越多越好,因为存货过多会占用过多的资金,造成资源浪费。在特定的生产经营条件下,企业应保持一个最佳的存货水平。

(3) 流动资产周转率

流动资产周转率是反映企业流动资产周转速度的指标。它有流动资产周转率(次数)和流动资产周转天数两种表示形式。

1) 流动资产周转率(次数)

流动资产周转率(次数)指企业一定时期内营业收入净额同流动资产平均余额的比率,其计算公式为:

$$流动资产周转率(次数) = \frac{营业收入净额}{流动资产平均余额}$$

其中:

$$流动资产平均余额 = \frac{期初流动资产 + 期末流动资产}{2}$$

流动资产周转率反映了企业流动资产的周转速度,是从企业全部资产中流动性最强的流动资产角度对企业资产的利用效率进行分析。一般情况下，该指标越高，表明企业流动资产周转越快，利用越好，在一定程度上增强了企业的盈利能力；而周转慢，则需要补充流动资金，会形成资金浪费，降低企业盈利能力。

2）流动资产周转天数

流动资产周转天数是指企业的流动资产每周转一次所需要的时间，即流动资产转换成现金平均需要的时间，其计算公式为：

$$流动资产周转天数 = \frac{计算期天数}{流动资产周转率}$$

$$= 计算期天数 \times \frac{流动资产平均余额}{营业收入净额}$$

流动资产周转率与周转天数呈相反关系。流动资产周转率越高，周转次数越多，则周转天数越少；反之，周转率越低，周转次数越少，则周转天数越多。

流动资产周转天数越多，表明流动资产在生产和销售阶段经历的时间越长，说明资产周转越慢，资金利用程度越差。

2. 总资产营运能力指标

反映总资产营运能力的指标是总资产周转率。总资产周转率有总资产周转率（次数）和总资产周转天数两种形式。它们的计算公式为：

$$总资产周转率（次数）= \frac{营业收入净额}{平均资产总额}$$

$$平均资产总额 = \frac{期初资产总额 + 期末资产总额}{2}$$

$$总资产周转天数 = \frac{计算期天数}{总资产周转率}$$

$$= 计算期天数 \times \frac{平均资产总额}{营业收入净额}$$

总资产周转率衡量企业资产整体的使用情况。总资产周转率越高，周转天数越少，表明企业总资产周转速度越快，销售能力越强，资产利用效率越高。

(三) 盈利能力指标

盈利能力是指企业获取利润、实现资金增值的能力，其指标主要通过收入与利润之间的关系、资产与利润之间的关系反映。反映企业盈利能力的指标主要有营业利润率、总资产报酬率、净资产收益率等。

1. 营业利润率

营业利润率是企业一定时期营业利润与营业收入的比率，计算公式如下：

$$营业利润率 = \frac{营业利润}{营业收入} \times 100\%$$

营业利润率反映企业盈利能力，营业利润率越高，表明市场竞争力越强，发展潜力越大，盈利能力越强。

2. 总资产报酬率

总资产报酬率是息税前利润同平均资产总额的比率，计算公式如下：

$$总资产报酬率 = \frac{息税前利润}{平均资产总额} \times 100\%$$

其中：

$$平均资产总额 = \frac{期初资产总额 + 期末资产总额}{2}$$

总资产报酬率是反映企业总资产获利能力的重要指标。总资产报酬率越高，总资产利用效果越好。

3. 净资产收益率

净资产收益率是净利润与平均净资产（所有者权益）的比率，计算公式如下：

$$净资产收益率 = \frac{净利润}{平均净资产} \times 100\%$$

其中：

$$平均净资产 = \frac{期初所有者权益额 + 期末所有者权益额}{2}$$

净资产收益率反映的是企业所有者所获投资报酬的多少。净资产收益率越高，企业以自有资本获取收益的能力越强，运营效益越好，对企业投资人、债权人利益的保障程度越高。

（四）杜邦分析指标

杜邦分析法利用几种主要的财务比率之间的关系来综合地分析企业的财务状况。具体来说，它是一种用来评价公司盈利能力和股东权益回报水平，从财务角度评价企业绩效的经典方法。其基本思想是将企业净资产收益率逐级分解为多项财务比率的乘积，以使财务比率分析的层次更清晰，条理更突出，从而使报表分析者更全面仔细地了解企业的经营和盈利状况。

1. 杜邦分析体系

杜邦分析体系如图6.2所示。

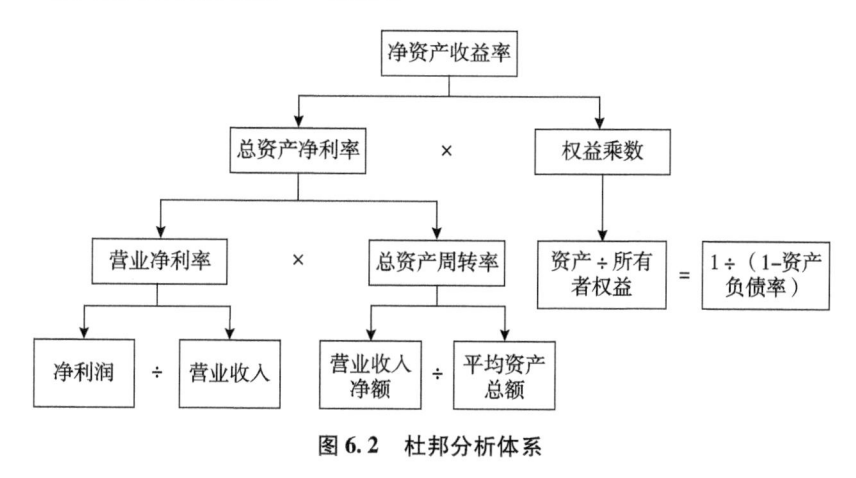

图 6.2 杜邦分析体系

杜邦分析体系包括以下几种主要的指标关系。

①净资产收益率是一个综合性最强的财务分析指标，是杜邦分析法的核心。

②总资产净利率是影响净资产收益率的最重要的指标，是企业经营成果和资产运营的综合反映，它取决于营业净利率和总资产周转率。要提高总资产净利率，需要增加销售收入及利润，降低资金占用额。

③权益乘数表示企业的负债程度，反映了企业利用财务杠杆开展经营活动的程度。资产负债率越高，权益乘数越大，公司负债程度越高，

能给公司带来越多的杠杆利益,财务风险也越高。

2. 杜邦分析体系的优缺点

杜邦分析体系有助于更加清晰直观地找出权益资本收益率的决定因素,展现销售净利润率与总资产周转率、债务比率之间的相互关联关系,给管理层提供了一张清晰的路线图。

但从企业绩效评价的角度来看,杜邦分析法只包括财务方面的信息,不能全面反映企业的实力,有很大的局限性,在实际运用中必须结合企业的其他信息加以分析。

其缺点主要表现在以下方面。

①杜邦分析法对短期、过去的财务结果过分重视,可能导致企业管理层的短期行为,导致企业忽略长期的价值创造。

②杜邦分析法仅关注公司财务信息,忽略了非财务因素的影响,如顾客、供应商等对企业经营业绩的影响。

③杜邦分析法不能解决无形资产估值问题。

第七章
企业绩效考核评价体系的构建

第一节 我国企业绩效评价的发展历程

我国企业绩效评价体系是随着经济体制的变迁以及国有企业的改革发展而逐步形成和发展变化的。与西方国家企业绩效评价产生的背景不同，我国企业绩效评价的产生并不是出于增强企业诚信和提高资源配置的需要，而是国家为加强对国有企业的管理而采取的计划管理措施之一。我国曾先后制订并实施三套企业绩效评价指标体系，分别是1993年财政部出台的《企业财务通则》所设计的一套财务绩效评价指标体系，1995年财政部制订的企业经济效益评价指标体系，1999年财政部等四部委联合颁布实施的国有资本金绩效评价指标体系。

我们可以将我国企业绩效评价工作的发展划分为五个时期。

1. 中华人民共和国成立后——改革开放前夕

这一时期，以实物产量为核心评价指标。

我国借鉴苏联的做法，实行高度集中的计划经济管理体制，国有企业所需的资金、原材料等生产要素由政府无偿拨付，所生产的产品、规格、数量由政府计划决定，产品和劳务由政府统一调拨和销售，财务上实行统收统支，利润全部上缴，亏损全部核销。另一方面，能源原材料价格由国家确定，生产的产品也由国家按计划价格收购和调拨，整个价格体系不能反映生产成本，产值和利润就不能反映企业的真实业绩。

在此情况下，国家只能采用产品产量、产品质量、节约降耗等作为主要评价指标，并以是否完成计划任务作为评价标准。这种以实物产量为主的企业考核方式，造成国有企业的工作效率低下。

2. 改革开放初期——20 世纪 90 年代初期

这一时期，以产值和利润为主要评价指标。

改革开放后，国家逐步扩大了企业的经营自主权。与之相适应，国家对国有企业的管理先后实行了提取企业基金制度、企业利润留成制度、企业利改税制度、企业承包制度等改革，国家对企业经营考核逐步关注产值和上缴利税，尤其是在承包制度中基本上是以上缴利润的完成情况为考核重心。

1982 年国家经委、国家计委等六部委制定了"企业 16 项主要经济效益指标"，这些指标不仅有产量、产值、利税指标，还有产品质量、资金使用情况、成本、能耗、劳动生产率等指标，全面反映了企业经济效益。其评价的具体方法为综合计分法。

20 世纪 80 年代后期，承包制成为深化国有企业改革的主要形式。承包制确实调动了企业的积极性，扩大了企业经营自主权，但也导致了国有企业管理秩序混乱和国有资产的大量流失。为克服承包制的弊端，进一步解决总量性指标考核存在的明显缺陷，劳动生产率、销售利润率、资本利税率等 8 项考核指标产生了，但由于没有制订综合评价方法，这 8 项指标并没有在企业考核工作中得到实际利用。

3. 1991—1995 年

这一时期，注重经济结构和效益评价。

1991年中央经济工作会议提出要将经济工作的重点转移到调整结构和提高效益上来，防止片面追求产值和速度的现象，同时提出在工业企业的考核上要淡化产值指标，强化效益指标。随后，6项考核工业企业经济效益的指标，包括产品销售率、资金利税率、成本费用利润率、全员劳动生产率、流动资金周转率、净产值率（后改为增加值率）产生了。新的评价方法全部采用了相对性比率指标，并按重要性程度为指标赋予不同的权重，采用统一标准进行评价，是国有企业考核评价方法上的历史进步，对工业企业的经营管理行为具有明显的导向作用。

1992年党的十四大提出我国经济体制改革的目标是建立和完善社会主义市场经济体制，原有的企业财务绩效评价指标体系已完全不能适应经济发展的要求。于是财政部在1993年7月颁布实施了《企业财务通则》，规定企业绩效评价指标体系由8个指标构成，包括资产负债率、流动比率、速动比率、应收账款周转率、存货周转率、资本金利润率、销售利税率、成本费用利润率，分别从偿债能力、营运能力和获利能力三方面对企业的经营业绩进行全面、综合的评价。然而，《企业财务通则》规定的财务绩效评价指标体系也在一定程度上受到传统财务管理模式的影响，仍然带有计划经济体制的痕迹，不能很好地适应我国经济体制改革深化和政府职能转变的需要。

4. 1995—1999年

这一时期，注重企业社会贡献评价。

1995年，国家国有资产管理局开始实施国有资产保值增值考核，国家从所有权角度，重点考核投入企业的国有资本的安全性与质量，并将国有资产保值增值完成情况与企业提取新增效益挂钩。但这种单一指标的考核也存在一定的局限性，企业为了完成保值增值任务，可以采取做假账、虚列资产、少提折旧、少摊费用等手段，达到账面保值增值、增加效益工资的目的。

为了克服这些弊端，财政部于 1995 年出台了《企业经济效益评价指标体系（试行）》。这套指标体系由销售利润率、总资产报酬率、资本收益率、资本保值增值率、资产负债率、流动比率、应收账款周转率、存货周转率、社会贡献率、社会积累率等 10 项指标组成，每项指标具有不同的权重。

此外，1997 年国家统计局会同国家计委、国家经贸委根据形势发展需要，对 1992 年发布的工业经济效益评价体系进行了调整，将原来的 6 项指标调整为总资产贡献率、资本保值增值率、资产负债率、流动资产周转率、成本费用利润率、全员劳动生产率和产品销售率等 7 项指标，指标权数也进行了重新分配。

新的经济效益指标体系引导企业从过去注重产值、注重高投入逐步转向注重提高企业综合经济效益，注重企业的社会贡献，从而有利于纠正企业片面追求发展速度、强调单一利润、忽视长远发展等问题，有利于促进企业转变经济增长方式，引导企业走内涵型发展道路。

两套体系还是存在一定的局限性：一是没有将非财务指标融合进来，缺乏反映企业成长性、反映企业知识与智力资产等方面的评价指标；二是评价标准行业划分不够细致，降低了评价标准的适用性；三是没有考虑现金流量在绩效评价中的重要作用。

正是由于这些弊端，两套体系在实践中都没有得到广泛的应用。

5. 1999 年至今

这一时期，注重企业整体绩效评价。

在市场竞争主体更加平等的条件下，为了有效地对企业的经营绩效进行科学评价，财政部等四部委于 1999 年 6 月 1 日联合印发了《国有资本金效绩评价规则》及《国有资本金效绩评价操作细则》，对国有企业的绩效评价进行了重新规范，重点是评价企业资本效益状况、资产经营状况和经营者的业绩。对这四项内容的评价由基本指标、修正指标和评议指标 3 个层次共计 32 项指标构成，初步形成了财务指标与非财务指标相结合的绩效评价指标体系。

为适应企业绩效评价工作深入开展的需要，进一步规范企业绩效评价行为，增强评价结果的客观公正性，促进建立有效的激励与约束机制，财政部、国家经贸委、中央企业工委、劳动保障部和国家计委于 2002 年又对企业绩效评价体系做了修订，将企业绩效评价指标体系由 32 项指标改为 28 项。

与原评价体系相比，修订后的指标体系强调对企业偿债能力和发展创新能力的评价，使该评价体系更为客观公正，更具可操作性。

当然，新的评价体系也存在一些缺点，比如在知识经济条件下人力资源研究和开发等无形资产的重要作用未能在指标体系中得到充分体现，对同一大类各种行业的企业采用统一的指标权重。

第二节 理论界的研究成果

近年来，我国的理论界也积极介绍国外的绩效评价方法并研究中国企业的绩效评价问题。目前我国学者的研究已逐渐演化为 4 个分支。

第一，将国外成熟理论本土化，推广 EVA、BSC 等理论，同时结合中国国情力图构建一个中国企业绩效评价体系。杜胜利出版了系统阐述企业分析与业绩评价的专著，构建了由财务评价、过程评价、客户评价、研究开发评价、质量评价、员工评价等 6 个方面构成的企业经营业绩评价系统的基本框架；描述了以标杆瞄准为依托，以预算目标和资本成本为支撑的三位一体的评价标准和价值管理原则。张涛、文新三从法人治理结构、激励约束机制、财务评价体系、创新机制、运行环境和客户关系等 6 个方面研究了如何构建中国企业的绩效评价指标体系问题。孟建民提出了建立中国企业绩效评价的方法与技术，从而建立了适合中国企业的绩效评价体系。马璐在对战略性绩效评价系统支撑理论进行研究的基础上，建立了战略性绩效评价系统的理论构架，包括战略性绩效评价指标体系和战略性绩效综合评价方法等内容。付亚和、徐玉林介绍了基于关键绩效指标的绩效考核、基于平衡记分卡的绩效考核、基于目标的绩效考核、以素质为基础的考核、基于团队的绩效考核以及诸多非系统的绩效考核技术，为建立有效的绩效考核体系提供了诸多绩效考核工具。王化成、刘俊勇、孙薇构建了由相关理论、支持理论和核心理论组成的三层业绩评价理论框架，并将业绩评价系统划分为财务模式、价值模式、平衡模式三种模式。

第二，注重要素对企业绩效的影响，对单个要素与企业绩效的关系进行了大量的理论和实证研究。如李维安教授研究公司治理与企业绩效的关系，李刚研究研发人员要素对企业绩效的影响，陈共荣、曾峻研究评价主体对绩效评价的影响。

第三，致力于绩效评价方法的研究，提出了许多适合我国企业使用的绩效评价方法。例如，胡季英和冯英浚把层次分析法和数据包络分析法结合在一起提出了二次相对评价法；胡祖光教授在长期研究实用委托代理制度的基础上，形成了一种对代理人的有效的绩效考核方法，吴隽和赵克菲运用多层次模糊综合评价原理建立了基于全新的企业供应链管理的更加科学、易于操作的企业绩效评价方法——多层次模糊综合评价法。

第四，对许多产业领域的企业绩效评价展开了研究，研究工作主要集中在评价指标的设计、评价方法的选择或改进等方面。例如，王森从核电企业安全文化的角度，将其内涵划分为9个方面，每个方面按呈现的特征分成5个星级，形成对管理过程进行定性和定量星级管理的绩效评价体系；吴海广、刘燕珍对水利企业的绩效评价进行了研究，指出了当前水利企业评价中存在的问题。另外，还有对建筑企业绩效评价进行的研究，对化工企业绩效评价进行的研究，对医院绩效评价的研究，对高速公路运营企业绩效评价的研究，等等。

总之，理论界和实务界已经从多个角度全面展开了对企业绩效评价的研究工作，并且在某些方面已取得了一定的成绩。尽管如此，目前的企业绩效评价体系依然有待进一步的改进和完善。

第三节　评价体系的构建

开展绩效考核工作，必须要有科学的、能满足公司生产经营管理和实际发展需要的绩效考核工作机制和考核评价标准。因为绩效考核评价标准是绩效考核的核心部分之一，要结合公司生产经营管理和员工队伍建设实际，建立和完善一套科学、合理的员工绩效考核评价标准，真正发挥绩效考核工作正确的导向、激励作用。

企业绩效评价体系的科学性、实用性和可操作性是实现对企业绩效客观、公正评价的前提。

企业绩效评价体系的设计遵循了"内容全面、方法科学、制度规范、客观公正、操作简便、适应性广"的基本原则。评价体系本身还需要随着经济环境的不断变化而不断发展完善。

企业绩效评价的内容依企业的经营类型而定，不同经营类型的企业，其绩效评价的内容也有所不同。工商企业与金融企业就有不同的评价内容，在工商企业中，竞争性企业和非竞争性企业的评价重点也存在差别。

企业绩效评价体系由绩效评价组织体系、绩效评价制度体系和绩效评价指标体系三个子体系组成。

1. 绩效评价组织体系

绩效评价组织是负责绩效评价的专职项目团队，应由企业资深管理人员担任，至少是由部门经理级人员担任。绩效评价组织成员应对绩效考核标准非常熟悉，能公正、公平地评价每个岗位的工作难易程度，准确把握绩效考核指标标准，有效判断考核数据真实性，解决绩效评价中遇到的各种问题。

企业目标的实现需要各方面的共同努力，例如，组建有效的组织体系、建立直线管理控制系统、制订科学的预算模式、设计可行的绩效评价体系和激励系统等，绩效评价体系要处理好评价系统目标和企业目标之间的依存关系。

2. 绩效评价制度体系

目标是一切行动的指南，任何企业绩效评价制度体系的建立必须服务于企业总体目标。

绩效评价制度的建立，首先是绩效评价标准的建立。

企业绩效评价体系中常用的三类标准分别为年度预算标准、历史标准及行业标准。也有企业在追求卓越绩效时，设定的企业标准高于行业标准，为了全面发挥绩效评价体系的功能，同一个系统中应同时使用这三类不同的标准。

3. 绩效评价指标体系

绩效评价指标是指对评价对象的哪些方面进行评价。绩效评价人员以绩效评价对象为单位，通过会计信息系统及其他信息系统，获取与评价对象有关的信息，经过加工整理后得出绩效评价对象的评价指标数值或状况，将该评价对象的评价指标的数值状况与预先确定的评价标准进行对比，通过差异分析，找出产生差异的原因及影响，形成绩效评价报告。

第四节　我国的企业绩效评价体系

目前我国试行的企业绩效评价体系，是以工商类竞争性企业为评价对象设计的。绩效评价的内容包括四个方面，即财务效益状况、资产营运状况、偿债能力状况和发展能力状况。财务效益状况主要反映企业的投资回报和盈利能力，资产营运状况主要反映企业的资产周转及营运能力，偿债能力状况主要反映企业的资产负债比例和偿还债务能力，发展能力状况主要反映企业的成长性和长远发展潜力。

这四部分内容相辅相成、各有侧重，从不同的角度揭示了被评价企业的实际经营管理情况。通过对以上四方面内容的评价，可以得出反映企业全貌的绩效评价结论。

除国有资本金绩效评价体系外，一些企业还积极采用了由美国学者和实业界提出的杜邦财务分析体系、平衡记分卡和经济增加值等评价方法。这几种绩效评价方法虽各有长处，但也都存在着一些缺陷。我国企业应采用多因素全面评价原则和定量分析与定性评议相结合的原则，建立多维的基于绩效预算管理的动态的企业绩效评价体系。

企业绩效评价体系属于企业管理控制系统的一部分。它与各种行为控制系统、人事控制系统共同构成企业管理控制体系。企业管理控制体系是企业战略目标实现的重要保障。由于每家企业战略目标有其特殊性，所以，同样的绩效评价体系在各企业中的表现各不相同。但是，作为企业实现战略目标的通用工具，各企业有效的绩效评价体系具有同质性。

一、绩效评价体系基本要素

绩效评价体系作为企业管理控制系统中一个相对独立的子系统，一般由以下几个基本要素构成。

1. 评价目标

评价目标是一切行动的指南，任何企业绩效评价体系的建立必须服务于企业目标的实现。

2. 评价体系

要处理好评价体系目标和企业目标之间的关系，需要各方面的共同努力：组建有效的组织结构、建立管理控制系统、制订科学的预算、设计绩效评价体系和激励系统，等等。

3. 评价对象

评价体系一般有两个评价对象，一是企业，二是经营管理者，两者既有联系又有区别。评价的结果对评价对象必然会产生一定影响，并涉及评价对象今后的发展问题。对企业的评价关系到企业的扩张、保持、重组、收缩、转让或退出，对经营管理者的评价关系到其奖惩、升降及聘用等问题。

4. 评价指标

绩效评价体系关心的是评价对象与企业目标的相关方面，即所谓的关键成功因素。关键成功因素既有财务方面的，如投资报酬率、营业利润率、每股收益等；也有非财务方面的，如与客户的关系、售后服务水平、产品质量、创新能力等。因此，作为用来衡量绩效的指标也分为财务指标和非财务指标。如何将关键成功因素准确地体现在各具体指标上，是绩效评价体系设计的重要问题。

5. 评价标准

评价标准是指判断评价对象业绩优劣的标杆。选择什么标准作为评价的标杆取决于评价的目的。企业绩效评价体系中常用的三类标准分别为年度预算标准、历史标准及行业标准。为了全面发挥绩效评价体系的功能，同一个系统中应同时使用这三类不同的标准。在具体选用标准时，应与评价对象密切联系。

6. 评价报告

评价报告是绩效评价体系的输出信息，也是绩效评价体系的结论性文件。

绩效评价人员以绩效评价对象为单位，通过会计信息系统及其他信息系统，获取与评价对象有关的信息，经过加工整理后得出绩效评价对象的评价指标数值或状况，并进而形成绩效评价报告。

二、传统企业绩效评价方法的缺陷

1. 杜邦财务分析体系

杜邦财务分析体系是一种因素分析法，一经问世便风行世界，为通用、松下等众多大型企业竞相采用，并在以后几十年中成为被普遍使用的企业业绩评价系统。但杜邦分析体系就财务论财务，在企业绩效评价和考核方面不能全面、动态地反映过程中的问题，也不能与企业的战略目标及战略管理手段实现有机融合。另外，由于所产生时代的局限，杜邦体系是一种重视内部经营管理、忽视外部市场的分析考核体系。

2. 平衡计分卡

平衡计分卡被称作 20 世纪 90 年代最重要的管理会计创新，是针对杜邦体系的缺陷而设计的一种替代指标体系。它包括表明过去行动结果的财务指标，同时用客户满意度、企业内部运行、组织的创新和学习等方面的业务指标反映未来财务业绩的动因，以补充财务指标，从多个方面对企业的业绩进行测评。

平衡记分卡首先是战略管理系统，其次才是业绩评价系统。业绩评价是建立在战略管理与日常管理基础之上的，如果企业的管理水平尚未达到这一要求，就不能使用这一方法。此外该评价体系没有对股东、雇员、客户以外的利益相关者予以足够的重视。

3. 国有资本金绩效评价体系

我国的国有资本金效绩评估系统首次把企业的整体素质、内部控制、公众形象、未来潜力四个方面的非财务指标纳入业绩评估系统，并将工商类竞争性企业绩效评估指标体系分为三个层次，还对指标采取了综合评分的方法。该体系的推出和实施，标志着新型企业绩效评估体系和评估制度在中国的初步建立。但该体系也没有将雇员、客户以外的利益相关者纳入绩效考评。

4. 经济增加值

经济增加值克服了传统指标的上述缺陷，比较准确地反映了企业在一定时期内为股东创造的价值，整个经济增加值系统的目的就是以价值驱动力和资本成本为中心，确定发放激励薪酬的基础并达成企业与投资者的良好沟通。应用经济增加值不但符合企业的长期发展利益，也符合知识经济时代的要求。

但经济增加值就其性质而言仍属财务业绩的综合性评价指标，以其为中心的业绩评价系统具有如下缺点。①只能对全要素生产过程的结果进行反映，过于综合，不利于指导具体的管理行为；②侧重于财务战略，忽视了对战略过程进行评价，容易削弱企业创造长期财富的能力；③针对性不强，不能指出具体的非财务业绩动因以及解决问题的方向；④没有充分考虑相关的无形资产和智力资本的使用情况及其业绩评价。

第五节　绩效预算管理

一、绩效预算管理的内涵

绩效预算管理是企业全面预算管理的重要组成部分，企业绩效预算是以目标为导向、以项目成本为衡量、以业绩评估为核心的一种预算体制，是把资源分配的增加与绩效的提高紧密结合的预算系统。绩效管理的目的就是要实现成果和效率，在绩效预算管理中，企业作为整个社会经济运行体系中的一员，不仅要实现经济利益，而且要实现社会效益，以完成其社会使命。

二、基于绩效预算管理的企业动态绩效评价指标体系设计

企业全面预算管理体系通过设计基于多维动态的企业绩效评价指标体系，使企业预算的编制与监控建立在动态的多视角分析的基础上，弥补长期以来企业绩效评价主要采用传统的财务评估方法的不足，即把企业绩效评价从反映企业过去的历史经营状况的静态管理行为扩展为适应企业经营环境变化的、财务指标和非财务指标相结合、定量指标和定性指标相结合的动态管理行为，建立起除财务指标考评之外的社会效益、生态效益的多视角的动态绩效评价制度体系。

（一）经济效益评价指标

企业业绩是多层面的，评价经济效益的指标既可以是财务性的，也可以是非财务性的。经济效益评价指标是使用最广泛的指标，因为企业的长期目标几乎总是纯经济效益性的，经济效益评价指标直接与企业的财务目标相衔接且具有综合反映企业业绩的功能。在企业绩效预算管理下，为了有效反映企业综合业绩，经济效益指标从财务与非财务两个方面反映企业绩效。

1. 财务指标

财务指标包括盈利能力、偿债能力、资产管理能力、成长能力、股本扩张能力和主营业务鲜明状况等。其中前四个与我国现行的企业绩效评价系统的内容相同，后两个是根据上市企业的特点而设置的。

2. 非财务指标

非财务指标主要从创新能力、研发费用率、新产品销售率、新产品开发率、市场占有率、客户满意度和合同交货率等方面来反映企业的经营业绩。

（二）社会效益评价指标

考察公司的社会效益主要从经济责任、法律责任、道德责任和其他责任四个方面进行，如是否合法地进行生产经营，是否导致严重污染，是否恰当处理社会关系等。这种考察不仅可以使公司清楚自己的社会绩效在同行业中的位置，知道公司资源应重点分配给哪些利益相关者，还能促进公司经理与利益相关者的沟通。

在绩效预算管理下，企业及企业内部各部门不能仅仅以完成或超额完成经济预算指标为目的，还应从企业是否承担社会责任等角度对企业进行绩效评价。评价企业社会责任的指标包括重大事故发生率、安全生产率、职工薪酬费用支付率、排污达标率和环境保护状况等。

全面成本管理和控制对于企业价值的提升具有重要的意义。它既是企业增加盈利的根本途径，也是企业抵御内外压力、求得生存的主要保障，更是企业发展的基础。

三、典型案例分析

绩效考核是人力资源管理的一个核心内容，很多企业已经认识到考核的重要性，并且在绩效考核的工作上投入了较多的精力。如何对员工的绩效进行考核，是企业管理者所面临的一个重大问题，让我们一起来分析下面这个案例。

> **案例**
>
> 公司名称：飞梦公司
>
> 成立时间：1995 年
>
> 员工人数：1000 人
>
> 公司规模：总公司无业务部，只设职能部门，5 个子公司分别从事不同的业务

行业地位：行业前三甲

面临问题：面临着众多小型企业的挑战，为此，公司从前几年开始，一方面参加全国百家现代企业制度试点，另一方面着手从管理上进行突破。

管理现状：公司的高层领导非常重视绩效考核工作，人力资源部具体负责绩效考核制度的制订和实施，在原有的考核制度基础上制订出了《管理人员考核办法》，每年年底正式进行考核之前，人力资源部会再出台当年的具体考核方案，以使考核达到可操作化程度。

飞梦公司的做法是，由公司的高层领导与相关的职能部门人员组成考核小组，考核的方式和程序通常包括被考核者填写述职报告，在单位内召开全体职工大会进行述职，民意测评（范围涵盖全体员工），向经理级管理人员甚至全体职工征求意见（访谈），考核小组写出评价意见，并征求主管副总的意见后报公司总经理。

考核的内容主要包含三个方面：被考核单位的经营管理情况，包括该单位的财务情况、经营情况、管理目标的实现等方面；被考核者的德、能、勤、绩及管理工作情况；下一步工作打算，重点努力的方向。具体的考核细目侧重经营指标的完成，对于能力的定义则比较抽象。各业务部门（子公司）都在年初与总公司就自己部门（子公司）的任务指标进行了沟通。

对管理人员的考核完成后，公司领导在年终总结会上进行说明，并将具体情况反馈给个人。尽管考核的方案中明确说明考核与人事的升迁、工资的升降等方面挂钩，但最后的结果总是不了了之，没有任何下文。

一般员工的考核则由各部门的领导掌握，子公司的领导对于下属业务人员的考核通常是通过考察经营指标的完成情况（该公司中所有子公司的业务员均有经营指标的任务）来进行的；非业务人员的考核，无论是总公司还是子公司，均由各部门的领导自由组织，通常的做法是，到了年底要分奖金了，部门领导才会对自己的下属做一个笼统的排序。

[点评] 飞梦公司的做法是相当多的企业在考核上的典型做法，带有一定的普遍性。这种做法虽然在一定程度上确实发挥了其应有的作用，但是在实施上还存在一些问题。

1. 考核定位的模糊与偏差

所谓考核的定位问题其实质就是说明通过绩效考核要解决什么问题，绩效考核工作的管理目标是什么。考核的定位直接影响考核的实施，定位的不同必然带来实施方法上的差异。

绩效考核定位的模糊主要表现在考核缺乏明确的目的，仅仅是为了考核而进行考核，这样做的结果通常是考核流于形式，考核结束后，考核的结果不能充分利用，耗费了大量的时间和人力、物力，结果不了了之。考核定位的偏差主要体现在片面看待考核的管理目标，对考核目的的定位过于狭窄。例如，飞梦公司的考核目的主要是年底分奖金。

考核的定位问题是核心问题，因此，关于考核的其他误区在很大程度上都与这个问题有关。

2. 绩效指标的确定缺乏科学性

选择和确定什么样的绩效考核指标，是考核中一个重要的同时也比较难以解决的问题。

一般来说，员工的绩效中可评价的指标一部分应该是与其工作产出直接相关的，也就是直接对其工作结果的评价，国外有的管理学家将这部分绩效指标称为任务绩效；另一部分绩效指标是对工作结果造成影响的因素，但并不是以结果的形式表现出来的，一般为工作过程中的一些表现，通常被称为周边绩效。对任务绩效的评价通常可以用质量、数量、时效、成本、他人的反应等指标来进行，对周边绩效的评价通常采用行为性的描述来进行。这就使得绩效考核的指标形成了一套体系。

3. 考核周期的设置不合理

所谓考核的周期，是指多长时间进行一次考核。多数企业一年进行一次考核。这与考核的目的有关系。如果考核的目的主要是分奖金，那么考核的周期自然就会与奖金分配的周期保持一致。事实上，从所考核的绩效指标来看，不同的绩效指标需要不同的考核周期。任务绩效的指标可能需要较短的考核周期，例如一个月。这样做的好处是：一方面，在较短的时间内，考核者对被考核者在这些方面的工作产出有较清楚的记录和印象；另一方面，对工作的产出及时进行评价和反馈，有利于及时地改进工作，避免将问题一起积攒到年底来处理。周边绩效的指标则适用在相对较长的时期内进行考核，例如半年或一年，因为这些关于人的表现的指标具有相对的稳定性，需较长时间才能得出结论，不过，在平时应进行一些简单的行为记录作为考核时的依据。

4. 考核关系不合理

要想使考核有效地进行，必须确定好由谁来实施考核，也就是确定好考核者与被考核者的关系。

由考核小组来实施考核这种方式有利于保证考核的客观、公正，但是也有一些不利的方面。

通常来说，关于不同绩效指标的信息需要从不同的主体处获得，应该让对某个绩效指标最有发言权的主体就该绩效指标进行评价，考核关系与管理关系保持一致是一种有效的方式，因为管理者对被管理者的绩效最有发言权，而考核小组可能在某种程度上并不能直接获得某些绩效指标，仅通过考核小组进行考核是片面的。

当然，管理者也不可能得到关于被管理者的全部绩效指标，还需要从与被管理者有关的其他方面获得信息。所谓360度考核就是从与被管理者有关的各个方面获得对被管理者的评价。

5. 绩效考核与其他工作环节衔接不好

在考核之前，主管人员需要与员工沟通，共同确认工作的目标和应达成的绩效标准。在考核结束后，主管人员需要与员工进行绩效面谈，共同制订今后工作改进的方案。

以上五点指出了目前在许多企业的考核中经常会出现的一些问题。当然，绩效考核仅仅是整个管理工作的一个环节，绩效考核工作要想真正有效，还需要其他工作的补充。

参考文献

[1] 王化成，刘俊勇，孙薇. 企业业绩评价 [M]. 北京：中国人民大学出版社，2004.

[2] 龚巧莉. 破解企业绩效评价体系设计之惑 [J]. 首席财务官，2006（10）.

[3] 王艳梅，贺瑜丹. 平衡计分卡在物流企业绩效管理中的应用研究 [J] 中国乡镇企业会计，2020（12）.

[4] 温素彬，郭昱兵. 关键绩效指标法：解读与应用案例 [J]. 会计之友，2020（19）.

[5] 刘义鹃，张雨朦. 经济增加值法：解读与应用案例 [J]. 会计之友，2020（20）.

[6] 龚莉娟. 对企业绩效评价和管理激励问题的几点认识 [J]. 财政监督，2013（11）.

[7] 新会计编辑部. 中国版管理会计概念框架 [J]. 新会计，2016（7）.

[8] 中华人民共和国财政部. 管理会计应用指引 [M]. 北京：经济科学出版社，2018.

[9] 叶陈云. 管理会计量化工具与方法 [M]. 北京：机械工业出版社，2016.

[10] 张继辰. 华为的绩效管理 [M]. 深圳：海天出版社，2016.